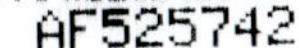

Die englische Originalausgabe erschien im Verlag 22 Media Pte. Ltd. unter dem Titel *Give Me This Mountain—Faith to Go from Barely Surviving to Actually Thriving.* Copyright © 2020 by Joseph Prince. Published by arrangement with 22 Media Pte. Ltd., www.josephprince.com.

Bildnachweis: istockphoto.com 49; stocksy.com 4, 20, 26/27, 28, 33, 34, 44/45, 46, 51, 53, 54, 61, 67, 70, 91, 94, 102, 108/109, 110, 115, 117, 118, 125, 126/127, 128/129, 151, 154/155, 162/163, 164, 169, 172/173, 179, 181, 182, 191, 192/193, 194, 202/203, 204, 214, 219, 221, 233, 235, 236, 245, 246, 251, 254/255, 256, 261, 266/267; unsplash.com 100/101; 22 Media Pte Ltd. 7/8, 12, 15, 18, 24, 33, 39, 40, 56, 59, 62, 64, 68/69, 73, 75, 77, 78, 83, 84/85, 86, 92/93, 130, 137, 138, 144/145, 156, 174, 201, 210, 212/213, 222, 246; gabrielwalther.com 187

Die Deutsche Nationalbibliothek verzeichnet diese Publikation in der Deutschen Nationalbibliografie; detaillierte bibliografische Daten sind im Internet über https://www.dnb.de abrufbar.

Umschlagfoto: ZHPH Production/stocksy.com
Buchgestaltung: © 22 Media Pte. Ltd.
Corporate Design & Satz: Gabriel Walther – www.gabrielwalther.com
Übersetzung: Gabriele Kohlmann
Korrektorat: Thilo Niepel
Druck: Westermann Druck Zwickau GmbH
Printed in Germany

1. Auflage 2021

Paperback: ISBN 978-3-95933-180-7, Bestellnummer 372180
E-Book: ISBN 978-3-95933-181-4, Bestellnummer 372181

www.gracetoday.de

GIB MIR DIESEN BERG

GLAUBE, DER AUS ÜBERLEBENSKAMPF ECHTES SIEGERLEBEN MACHT

JOSEPH PRINCE

DIE ROUTE

×

VORWORT

Gott hat in seinem Herzen einen besonderen Platz für junge Menschen. Besser als jeder andere versteht er, was du auf deinem Weg durch das Leben in der heutigen Welt durchmachst. Er versteht den Stress, die Ängste und die Ungewissheit, die du vermutlich empfindest, wenn du dir dein gegenwärtiges Leben so anschaust – deine Karriere, deine Finanzen, deine Beziehungen. Er weiß, wie schwierig es ist, einen Job zu finden, der die Aufnahme deines fünfstelligen Studiendarlehens rechtfertigt. Ganz besonders dann, wenn die Nachrichtenmedien von Schlagzeilen über drohende Kriege, Naturkatastrophen, eine Zunahme von Terroranschlägen und neue Virenstämme dominiert werden – alles Dinge, die die gesamte Weltwirtschaft auf den Kopf stellen und zu massiver Arbeitslosigkeit führen könnten.

Gott versteht den Druck, der auf dir lastet, inmitten all dieser sehr realen Herausforderungen dein Leben im Griff zu behalten. Er weiß, dass du tagtäglich dem Vergleich in den sozialen Medien ausgesetzt bist, wo dir ständig das Gefühl gegeben wird, du hättest nicht so viel erreicht wie alle anderen und könntest nicht mithalten. Und er weiß auch, wie sehr dir das seelisch zusetzen kann.

Freund:in, dein himmlischer Vater versteht nicht nur, sondern er nimmt dich und dein Leben zutiefst ernst. Er liebt dich und will dir bewusst machen, dass **er dich von der Welt dazu ausgesondert hat, ein Überwinder zu sein** – selbst in diesen Zeiten der scheinbar unüberwindlichen Herausforderungen. Weißt du, er hat einen hohen Preis bezahlt, um dir das Versprechen einer strahlenden Zukunft geben zu können. Und es spielt dabei keine Rolle, ob deine Umstände, die Nachrichten oder die neuesten Statistiken gerade etwas völlig anderes erzählen.

Und das ist auch der Grund, warum ich zusammen mit meinem Schreibteam, das aus jungen Erwachsenen wie dir besteht, an diesem Buch gearbeitet habe. In *Gib mir diesen Berg* lernst du das Herz deines Papa-Gottes kennen, der deinen Überlebenskampf zu einem echten Siegerleben machen möchte. Er möchte dir zeigen, wie das für dich zur Realität werden kann, indem du **auf seinen Wegen des Glaubens gehst**. Der Glaube an das Kreuz macht jede Zusage der Bibel zu deinem Besitz – seine Gunst, seinen Segen und seinen Erfolg für dein Leben. Und der Glaube an seine Gnade stärkt dich – mit Widerstandskraft, Ausdauer und Belastbarkeit –, sodass du mit allen Rückschlägen und Herausforderungen gut umgehen kannst.

Ich bete, dass du nach diesen vier Wochen **bereit bist, jeden neuen Tag mit der Zuversicht und Gewissheit in Angriff zu nehmen, dass der Herr mit dir und für dich ist. Dass du in der Lage sein wirst, den Widrigkeiten des Lebens mit der nötigen Widerstandsfähigkeit und Weisheit zu begegnen. Und dass du genügend Glauben entwickelt haben wirst, um jede seiner Zusagen für dein Leben mit Bestimmtheit in Besitz zu nehmen!**

In seiner Gnade,

Joseph Prince

EINLEITUNG

Du wurdest dazu geschaffen, im Leben ein Gewinner zu sein. Wusstest du, dass diese Aussage für dich als Kind Gottes unwiderruflich gilt? Sie tut es an Tagen, an denen du das glaubst, und auch an Tagen, an denen du das nicht glauben kannst.

Es ist die Wahrheit an Tagen, an denen dir die Tür zu deinen Träumen vor der Nase zugeknallt wird und du dich hängengelassen fühlst. Es ist wahr an Tagen, an denen die Angst so stark ist, dass du nicht weißt, wie du die nächste Stunde überstehen sollst. Es ist wahr an Tagen, an denen du dich wie ein totaler Versager fühlst, der sein Leben nicht auf die Reihe bekommt.

An Tagen wie diesen, wenn es sich anfühlt, als ginge es ums bloße Überleben, kann die Vorstellung von einem gut laufenden, glücklichen Leben wie ein naiver Wunschtraum klingen.

Aber hier ist, was Gott will: *Gerade* an solchen Tagen sollst du dir bewusst sein, dass du auch dann, wenn es drunter und drüber geht, dazu bestimmt bist, nicht bloß um dein Überleben zu kämpfen, sondern ein echtes Siegerleben zu führen.

Ich weiß, wie schwer es sein kann, das zu glauben, besonders für dich als jungen Menschen. Du lebst in einer Welt, die dir ständig erzählt, wie unrealistisch es sei, sich irgendwelche Chancen auszurechnen. Ob es die Leute um dich herum sind, die Nachrichten oder die neueste Feedmeldung, ständig scheint irgendwer zu betonen, dass das Leben ein harter Kampf sei, den man nicht gewinnen könne.

Das mag für die Leute stimmen, die das behaupten, aber es muss *nicht* für dich gelten.

In diesem Buch folgen wir der Geschichte eines Mannes namens Kaleb, der am Fuß eines Berges stand, von dem alle sagten, er sei unmöglich zu bezwingen, und der ihn mit einem schallenden »Gib mir diesen Berg!« bezwang. Kaleb war ein Mensch, den der Herr lobte, weil er ganz anders war als die Menschen um ihn herum, die sich von der Angst, der Negativität und dem Unglauben der anderen anstecken ließen.

Genau wie Kaleb bist du aus der Welt herausgerufen und ausgesondert worden, um ein junger Mann oder eine junge Frau mit mutigem, authentischem Glauben angesichts von Schwierigkeiten zu sein.

Kaleb und andere wie er besaßen laut Bibel einen entschlossenen, mutigen Glauben. Im Geist dieses Glaubens nehmen wir die drängenden, harten Themen in Angriff, denen wir uns heute unweigerlich stellen müssen. Dabei sind wir bestrebt, stets eines zu tun – Jesus und seine Gnade in den Mittelpunkt von allem zu stellen. Nur er hat die Antworten, die unser Herz beruhigen, uns klarer sehen lassen und den nötigen Glauben vermitteln können, um jeden Berg in unserem Leben zu bezwingen.

Freund:in, du bist vielleicht von einer Atmosphäre der Angst und des Zynismus umgeben und mit Herausforderungen konfrontiert, die erdrückend wirken, aber Gott will, dass du dir einer Sache bewusst wirst: *Genau dort ist der Glaube zu Hause.* Glaube stellt sich der Angst. Glaube bewältigt die Hoffnungslosigkeit. Glaube tritt dem Unglauben entgegen. Glaube bewohnt den Raum, der zwischen

Überlebenskampf und Siegerleben liegt, und er wird dich von dem einen zum anderen führen.

Bist du bereit? Dann lass uns loslegen.

SO BENUTZT DU DIESES BUCH RICHTIG

Während der nächsten vier Wochen erfährst du anhand von Kalebs Geschichte und den Geschichten anderer Männer und Frauen aus der Bibel, wie du jeden Tag im Glauben leben kannst.

Wöchentliches Zwischenziel

Dieses Buch ist für einen Zeitraum von 4 Wochen gedacht. Jede Woche wirst du einen neuen Aspekt darüber kennenlernen, was es bedeutet, deinen Weg im Glauben zu gehen und vom bloßen Überleben zu einem gut gelingenden, glücklichen Leben zu kommen.

- **Woche 1: Zum Siegen bestimmt**
  Entdecke das Siegerleben, das Gott dir versprochen hat. Erfahre, was es bedeutet, sich dieses Leben im Glauben zu nehmen.

- **Woche 2: Trau dich, anders zu sein**
  Finde heraus, wie du in einer Kultur des Unglaubens ein Leben des authentischen Glaubens führen kannst.

- **Woche 3: Geh im Glauben vorwärts**
  Lerne, wie du ein Leben im Glauben praktisch umsetzen kannst und wie du Gottes Zusagen für dein Leben in Anspruch nimmst.

- **Woche 4: Halte an der Zusage fest**
  Lerne durchzuhalten, bis du deinen Segen oder Durchbruch erlebst – vor allem dann, wenn es scheinbar ewig dauert.

Werde aktiv

Der »Werde aktiv!«-Teil am Ende jedes Tagesabschnitts beinhaltet:

1. **Einen starken Kerngedanken oder eine Aktivität,** durch die du das Erlernte in die Tat umsetzen kannst.
2. **Bibelstellen**, die dir helfen, dich in Gottes Wort zu vertiefen.

ZUSÄTZLICHE RESSOURCEN

1. ***Begleitvideos:*** 28 kraftvolle Videobotschaften zum Streamen, mit einer Länge von jeweils ca. 15 bis 20 Minuten. Sie ergänzen die Lehreinheiten von *Gib mir diesen Berg* und helfen, die Inhalte noch besser zu verstehen.
   a) Vervollständige deine Tageslektüre durch eine kurze Predigt, die dir wichtiges Wissen vermittelt und dir Mut macht.
   b) Bekomme ein tieferes Verständnis der biblischen Wahrheiten in diesem Buch.
   c) Während du das Wort Gottes gepredigt hörst, wird dein Glaube zunehmend stärker werden.
   d) Lass dir fundierte, praktische Schlüssel vermitteln, mit denen du das Optimum aus *Gib mir diesen Berg* herausholen kannst.

2. 

Give Me This Mountain: Ein neuer Song von New Creation Worship für deine Playlist. Er wird dich inspirieren und ermutigen. Erhältlich auf iTunes, Apple Music, Spotify und anderen Musikplattformen.

Das Begleitmaterial zum Buch (teilweise auf Englisch) findest du hier: **JosephPrince.de/berg/material**

BASE CAMP 1

ZUM SIEGEN BESTIMMT

×

ENTDECKE DAS *SIEGERLEBEN*,
DAS GOTT DIR VERSPROCHEN HAT.
ERFAHRE, WAS ES BEDEUTET, SICH DIESES LEBEN
IM GLAUBEN ZU NEHMEN.

GIB MIR DIESEN BERG?

TAG EINS

GIB MIR DIESEN BERG!

Gib mir diesen Berg?

Wie bitte? Das ist doch eigentlich das Letzte, was die meisten Menschen, die am Fuß eines Berges mit zerklüfteten Klippen und steilen Felswänden stehen, zu ihrer Liste von Gebetsanliegen hinzufügen würden. Ganz zu schweigen von einem Berg, der von einer Kompanie gut ausgebildeter, hocheffizienter Krieger verteidigt wird, die den Durchschnittsmenschen so weit überragen, dass man sie »Riesen« nennt.

Und doch – nachdem er die Landschaft aus hartem Kalkstein und dichten Wäldern inspiziert hatte und einschätzen konnte, wie ein heftiges Gefecht gegen ein Heer von starken Männern an diesen steilen Hängen verlaufen könnte – sagte ein Mann genau das: *Gib mir diesen Berg.*

Und dieser Mann war 85 Jahre alt.

Denk mal kurz über diese absolute Unerschrockenheit nach, die in Kalebs Bitte liegt.

Und weshalb das Ganze? Wegen eines Versprechens, das Gott ihm vor 45 Jahren gegeben hatte, nach dem Kaleb diesen Berg erobern und in Besitz nehmen würde.

Das klingt nach einem außergewöhnlichen Ereignis, aber schwingt darin nicht auch etwas Vertrautes mit? Die Realitäten unseres Alltags scheinen manchmal unüberwindbar. Du magst nicht vor einem physischen Berg stehen, aber vielleicht stehst du vor einem Schuldenberg, den du nicht bewältigen kannst. Vielleicht bist du durch das zerklüftete Gelände gescheiterter Beziehungen gestolpert und wurdest immer wieder verletzt. Vielleicht gehen negative Gedanken und Zukunftsängste wie ein Steinschlag auf dich nieder.

Und da bist du nun, in deinem Überlebenskampf, und klammerst dich an den seidenen Faden, der dich mit einem Versprechen verbindet, das du irgendwann einmal gehört hast – die Zusage eines guten Gottes, dass du ein gelingendes, glückliches Leben führen würdest, anstatt so wie jetzt nur zu überleben.

Wie konnte Kaleb an Gottes Versprechen festhalten?

Woher kamen seine Entschlossenheit und Stärke?

Was war die Quelle seines unerschrockenen, authentischen Glaubens?

Die Bibel sagt uns, dass **Menschen, die ihren Gott kennen**, diejenigen sind, die stark sein und große Taten vollbringen werden (Dan 11,32 NKJV).

Letzten Endes geht es in Kalebs Geschichte weniger um ihn als um den Gott, den Kaleb kannte.

Er ist derjenige, der die Wende bringt.

Er ist derjenige, der die Riesen tötet.

Er ist derjenige, der Glauben gibt.

Er ist derjenige, der Versprechen einhält.

Und deshalb wusste Kaleb tief in seinem Inneren, dass er mit dem Herrn an seiner Seite nicht verlieren konnte.

Hör nur, was er sagte: »Deshalb bitte ich dich, mir das Bergland zu geben, das der Herr mir an diesem Tag versprochen hat. Du wirst dich erinnern: damals kundschafteten wir aus, dass dort die Anakiter in großen, befestigen Städten leben. **Doch wenn der Herr mit mir ist, werde ich sie aus dem Land vertreiben, wie der Herr gesagt hat.**« (Jos 14,12 NLB). Sieh dir diesen Vers im hebräischen Bibeltext an, und du wirst feststellen, dass die Formulierung »doch wenn« kein Vielleicht enthält. Was Kaleb tatsächlich sagte, war: »**Da** der Herr mit mir sein wird, werde ich sie vertreiben können, wie der Herr gesagt hat.« Kaleb war vollkommen überzeugt, dass der Herr auf seiner Seite war. Er war sich absolut sicher: Wenn der Herr versprochen hatte, dass er, Kaleb, diesen Berg erobern und in Besitz nehmen würde, dann würde er nicht alles allein meistern müssen, sondern der Herr würde ihn bei jedem Schritt unterstützen.

Bewaffnet mit der felsenfesten Gewissheit, dass der Herr mit ihm war, konnte ihn nichts mehr aufhalten. Die Bibel sagt uns: »Mit dir kann ich ganze Armeen zerschlagen, mit dir überwinde ich jede Mauer« (Ps 18,30 NLB), und genau das hat Kaleb auch getan. Er stürmte auf die aus riesigen Kriegern bestehenden Truppen los und bezwang sie.

Er überwand die uneinnehmbaren Mauern, die ihre Städte befestigten, und eroberte sie. All das im Alter von 85 Jahren, in dem seine natürliche Kraft und Stärke hätten versiegt sein sollen.

Freund:in, du wirst übernatürliche Kraft und Zuversicht für die Kämpfe des Lebens finden, wenn du weißt, dass derselbe loyale, verlässliche, Versprechen einhaltende Gott, der mit Kaleb war, auch mit dir ist. Er will dich heute ganz klar wissen lassen, dass du

AUSSICHTSLOSER KAMPF.

keinen einzigen Tag deines Lebens allein bewältigen musst. Er hat versprochen, dass du in diesem Leben Erfolg haben wirst (Jer 30,19) und in jeder schwierigen Situation mehr als ein Überwinder sein wirst (Röm 8,37). Auf jedem Schritt des Weges ist er bei dir, um sein Wort einzuhalten. Mit ihm an deiner Seite kannst du voller Glauben aufstehen und den Weg vom Überlebenskampf in ein echtes Siegerleben schaffen. Wenn er bei dir ist, kannst du am Fuß deines eigenen Berges stehen und die gleichen Worte sprechen wie Kaleb:

GIB MIR DIESEN BERG!

Werde aktiv!

Führe Tagebuch. Das hilft dir, eine Beziehung mit dem Herrn zu entwickeln. Lerne auf deinem Weg durch dieses Buch ihn und sein Herz für dich kennen. Fang mit dem Schreiben am besten noch heute an.

In welchen Bereichen deines Lebens hast du das Gefühl, nicht wirklich klarzukommen? Nimm dir etwas Zeit und erzähle dem Herrn in deinem Tagebuch, was du dir in diesen Bereichen als Lösung von ihm wünschst. Sag ihm im Verlauf des Buches, welche Veränderungen, Umschwünge oder Durchbrüche du in deinem Leben sehen möchtest.

Lies die Bibelverse auf der folgenden Seite und schreib dir die Verse auf, mit denen Gott dich ermutigen möchte und durch die er deinem Empfinden nach mit dir reden möchte.

↙ Sieh dir das an:

Lies:

Josua 14,6-15 / Jeremia 30,19

Römer 8,37 / Johannes 10,10

STRASSENSPERRE.

TAG ZWEI

WIE SIEHT DEIN BERG AUS?

Wie sieht dein Berg heute aus?

Den meisten von uns kommt bei dieser Frage wahrscheinlich genau die Situation in den Sinn, mit der wir am meisten zu kämpfen haben. Es könnte um deine Finanzen gehen. Vielleicht bist du verzweifelt bemüht, die Schulden aus deinem Studienkredit zu tilgen. Vielleicht kommst du mit deinem Studium nicht klar oder verdienst in deinem Beruf so wenig, dass du kaum über die Runden kommst. Es könnte auch um deine Emotionen gehen. Vielleicht wirst du ständig von negativen Gedanken und Ängsten gequält.

Es ist wahr – Berge stehen als Bild oft für die Probleme, mit denen wir konfrontiert sind. Aber in Gottes Wort sind Berge auch ein Bild für das Erbe, das wir als seine Kinder haben (2Mo 15,17).

Ja, *Erbe*. Um es anders zu sagen: Es geht dabei um alle Segnungen, die Gott uns durch Christus gegeben hat. Segnungen, die wir rechtmäßig beanspruchen, besitzen und genießen dürfen.

Als Kaleb seinen Berg zum ersten Mal zu Gesicht bekam, sah er, dass er von Riesen bewohnt wurde. Er sah aber auch die ebenso riesigen Ernten, die man dort erwirtschaftete. Trauben, die so gigantisch groß und schwer waren, dass eine einzige Traube an einer Stange befestigt von zwei ausgewachsenen Männern auf den Schultern getragen werden musste. Es war ein Land des Überflusses, und Kaleb wusste, dass Gott es ihm und seinem Volk gegeben hatte. Deshalb sagte er nach seiner Rückkehr zu den anderen: »Das Land, das wir erkundet haben, ist ein sehr gutes Land, das von Milch und Honig überfließt! Wenn der Herr uns gut ist, wird er uns in dieses Land hineinbringen und es uns geben« (4Mo 14,7–8 GNB).

Kaleb sah den von Riesen bevölkerten Berg nicht als Problem. Er sah ihn als sein Erbteil. Jahre später, als er sagte: »Gib mir diesen Berg!«, wusste er, dass in diesem Land überaus gute Dinge auf ihn warteten. Er wusste, der Herr würde nicht zulassen, dass irgendein Riese zwischen ihm und den riesigen Segnungen stünde, die Kaleb gehörten.

Freund:in, dein himmlischer Vater möchte, dass du deinen Berg so siehst, wie Kaleb seinen gesehen hat. Anstatt deine finanziellen, beruflichen oder beziehungstechnischen Probleme als unüberwindliche Herausforderungen zu sehen, sieh sie als Zeitabschnitte in deinem Leben, in denen du wachsen sollst – in deinem Charakter, in deinem Glauben, in deiner Fähigkeit, dem Vater zu vertrauen –, damit du die unglaublichen Segnungen in Besitz nehmen kannst, die er für dich in diesen Bereichen vorbereitet hat.

Du kannst jetzt sicher sein, **dass zu jedem Berg, der sich vor dir erhebt, auch die Zusage gehört, dass du ihn in Besitz nehmen wirst.** Das ist dein Erbteil als Kind, denn du bist dank dem am Kreuz vollbrachten Werk Jesu in seine Familie aufgenommen worden. Die Bibel sagt uns: Jeder geistliche Segen im Himmelreich ist als Liebesgeschenk unseres wunderbaren himmlischen Vaters – dem Vater unseres Herrn Jesus – bereits über uns ausgegossen worden, weil er uns in Christus eingehüllt sieht« (Eph 1,3 TPT).

»Jeder geistliche Segen« bedeutet, jeder einzelne Segen in der Bibel. Dazu gehören auch:

Segen in Ausbildung und Beruf	=	In allem erfolgreich zu sein (bei Projekten, Prüfungen und anderen Unternehmungen spitzenmäßig abzuschneiden)	(Psalm 1,3)
Segen im zwischen-menschlichen Bereich	=	Beziehungen und Freundschaften zu genießen, die gesund und nicht toxisch sind (Menschen zu haben, die dich aufbauen, anstatt dich runterzuziehen)	(Epheser 4,16)
Segen in deinen Finanzen	=	Schuldenfrei zu sein und sogar genug zu haben, um andere segnen zu können	(5. Mose 28,12)
Segen in deiner Gesundheit	=	Körperlich, geistig und seelisch gesund zu sein	(Jesaja 53,5)
Segen in deiner Bestimmung	=	Echte Erfüllung und Bedeutung im Leben zu finden (wirklich erfolgreich und glücklich zu sein)	(Epheser 2,10)

Genau das sollst du nach Wunsch deines himmlischen Vaters als Kind Gottes für dein Leben erhoffen und erwarten. Genauso wenig wie Kaleb musst du dich von deinen Riesen – den Schwierigkeiten und Hindernissen, die dir den Weg zu versperren scheinen – davon abhalten lassen, dein gigantisch großes Erbe anzutreten. Dies ist dein Berg!

WERDE AKTIV!

Denk über die Hoffnungen und Träume nach, die Gott in dein Herz gelegt hat. Denk darüber nach, welche Zusagen aus seinem Wort du in deinem Leben erfüllt sehen möchtest. Sind sie bereits in Reichweite? Oder sind sie mit Herausforderungen und Hindernissen verbunden? Nimm dir etwas Zeit, um mit dem Herrn darüber zu sprechen. Lies dabei Kalebs Geschichte in Josua 14 und beginne, deinen Berg so zu sehen, wie es der Herr von dir möchte.

LIES:

Josua 14,6–15

Nickson St
MOM'S TOUCH
ROAD WORK AHEAD
BEWARE
of DOG

NIRGENDWO.

TAG DREI

KALEB WAR EIN NIEMAND

Gestern erst hast du gelesen, wie Kaleb mit seinen 85 Jahren einen Berg eroberte, der von Riesen besetzt war und von ihnen verteidigt wurde. Vielleicht denkst du jetzt über Kaleb: *Der Typ ist einfach krass. Er ist ein Held, er killt Riesen und ist ein Mann des Glaubens. Und ich bin nur ... ich. Ich, mit meiner kaputten Familie. Ich, mit all dem Schmerz, den ich durchlebt habe. Ich, mit all den Narben, die Menschen auf mir hinterlassen haben. Wie kann ich überhaupt hoffen, Glauben zu haben, wie Kaleb ihn hatte? Ich bin ein Niemand.*

Wenn du dich darin wiedererkennst, dann gibt es etwas, das du wissen musst: **Auch Kaleb war ein Niemand und kam aus dem Nichts.** Tatsächlich wird sein Name zum ersten Mal erwähnt, als er nach Kanaan geschickt wird, um das Land auszukundschaften. Zu diesem Zeitpunkt ist er vierzig Jahre alt. Was geschah in den ersten vier Jahrzehnten seines Lebens?

Erst wenn man die Geschichte der Kinder Israels zurückverfolgt – wie sie Ägypten verließen und in das gelobte Land kamen –, wird einem klar, dass Kaleb als Sklave geboren und aufgezogen worden war (2Mo 3,7–10).

Ja, ganz recht. Ein *Sklave*. Er wurde nicht in eine gute Familie hineingeboren. Ihm wurden niemals irgendwelche Gelegenheiten auf dem Silbertablett serviert. Er wurde nicht entdeckt und aufgebaut oder dazu erzogen, jemand Besonderes zu sein. Als Sklave war er ein Niemand. Tatsächlich bedeutet sein Name im Hebräischen »Hund« – eine treffende Bezeichnung für den Underdog, der er war.

Aber weißt du was? **Gott pickt sich immer die Außenseiter heraus.**

Die Bibel sagt: »Gott hat absichtlich Männer und Frauen ausgewählt, die von der herrschenden Kultur übersehen, ausgebeutet und missbraucht wurden; er wählte diese ›Niemande‹, um die hohle Überheblichkeit der Wichtigtuer zu entlarven (1Kor 1,27–28 MSG). Genau so ist er – ein Gott der Gnade, der sich zu den Abgehängten, Verlorenen und Unbeachteten hingezogen fühlt.

Weißt du, das ist das Wesen der Gnade, Gottes unverdienter Gunst. Wie das Wasser sammelt sie sich an den tiefsten Stellen. Sie findet uns im tiefen Loch unseres Versagens, unseres Chaos, unserer unglücklichen Familienverhältnisse, unserer üblen Vergangenheit, unserer schlechten Entscheidungen. Die Bibel sagt sogar, dass **die Gnade gerade in die Bereiche überfließend hineinströmt, in denen wir am meisten versagt haben** (Röm 5,20 NKJV)!

Nimm dir die Zeit, darüber wirklich nachzudenken. Welche Bereiche in deinem Leben empfindest du als Nachteil oder als disqualifizierend? Wobei fühlst du dich jedes Mal mies? Was in deinem Leben gibt dir ständig das Gefühl, du solltest die Hoffnung auf eine strahlende Zukunft begraben? Das sind alles Bereiche, in denen du erwarten kannst, dass sie von Gottes überfließender Gnade geflutet werden! Und überall, wohin die Gnade geht, hat sie Wiederherstellung und Veränderung im Gepäck.

Lass dich nicht länger von deinen Schwächen und Unzulänglichkeiten derart täuschen, dass du dich gefangen fühlst und davon abgehalten wirst, das gute Leben zu leben, das Gott für dich hat. Es ist höchste Zeit, alle Ausreden hinter dir zu lassen. Wirf nicht das Handtuch, weil du dir sagst, dass die Dinge sich für dich sowieso nie ändern werden. Freund:in, nichts könnte weiter von der Wahrheit entfernt sein, denn du hast Gottes Gnade auf deiner Seite!

Tatsächlich sagt Gottes Wort, dass du dich deiner Schwächen sogar **rühmen** kannst, weil du weißt, dass die Kraft Christi gegen sie vorrückt und sie regelrecht überrollt (2Kor 12,9–10 MSG). Anstatt deine natürlichen Begrenzungen und Unzulänglichkeiten als Grund für Scham oder Furcht zu sehen, solltest du sie, so wie es Gott will, als Grund zum Feiern sehen, denn für ihn bilden sie die optimalen Voraussetzungen, um in deinem Leben etwas richtig Großes zu schaffen. Er hat es für Kaleb getan, den Niemand, der aus dem Nichts kam und nichts zu bieten hatte, und er will es auch für dich tun!

Wirst du also heute deine Schwächen, Fehler und Unzulänglichkeiten zu ihm bringen? Erlaube ihm, dir eine neue Sicht davon zu geben, wie er sie zu deinem Wohl und zu seiner Ehre umkehren kann.

WERDE AKTIV!

Nachdem du nun einiges über Kalebs Herkunft und Geschichte erfahren hast, nimm dir etwas Zeit, um über deine eigene Geschichte nachzudenken. Hat es irgendwann in deinem Leben Ereignisse gegeben, die bei dir zu dem Gefühl geführt haben, du seist nicht geeignet für das Leben, das Gott für dich hat?

Wenn du über die folgenden Verse meditierst, versuche zu erkennen, wie Gottes Gnade jede einzelne deiner vermeintlich disqualifizierenden Eigenschaften zu einer Gelegenheit machen kann, seine Gunst in deinem Leben wirken zu lassen.

LIES:

1. Korinther 1,26–28 | 2. Korinther 12,9

← Hier gibt's noch mehr!

REAKTIONEN AUF BITTERES.

TAG VIER

LASS DIE BITTERKEIT HINTER DIR

Es ist nicht immer ganz einfach, Gutes zu erwarten, wenn man wieder und wieder genau das Gegenteil erlebt hat; wenn man zurückblickt und sich nur an enttäuschte Hoffnungen erinnern kann; wenn dein Herz immer noch diesen pochenden Schmerz empfindet, weil du belogen, ausgenutzt und verletzt worden bist.

Kannst du dir vorstellen, dass die Kinder Israels, als sie Ägypten verließen, am Anfang wahrscheinlich genauso empfanden? Sie hatten ihr *ganzes Leben* unter der Tyrannei der ägyptischen Sklavenherren zugebracht. Jahrelang waren sie brutal behandelt, stark unterdrückt und unbarmherzig verfolgt worden (2Mo 3,7; 6,9). Sehr wahrscheinlich wurden sie psychisch schikaniert, belogen und erhielten Zusagen für Lebensmittel oder Löhne, die absichtlich gebrochen wurden, um ihnen den Mut zu nehmen.

Wie sehr ihre Herzen nach all den Jahren wohl mit Bitterkeit überkrustet waren? Wie skeptisch und zynisch sie geworden sein müssen. Stell dir vor, wie schwer es für sie gewesen sein muss, jemandem zu glauben, der ihnen ein Versprechen gab, das zu gut schien, um wahr zu sein. Selbst wenn dieser Jemand Gott höchstpersönlich war.

Gott wusste das. **Und er liebte sie so sehr, dass er ihnen auf ihrem Glaubenslevel begegnete, um sie für sich zu gewinnen.** Weißt du, was er als Allererstes für sie tat, nachdem er sie von ihren Unterdrückern befreit hatte?

Er brachte sie auf einen Drink in die Wüste an einen Ort namens Mara. Im Hebräischen bedeutet *Mara* »bitter«. Dieser Ort spiegelte nicht nur das giftige Wasser wider, das sie dort vorfanden, sondern er war auch ein Spiegelbild ihres Herzenszustands. Als sie das Wasser kosteten, schauderten sie zurück und sagten vorwurfsvoll: »Was sollen wir denn nun trinken?« (2Mo 15,24 HFA).

Und nun sieh dir an, wie freundlich und mitfühlend der Herr angesichts ihrer Bitterkeit auf sie reagierte. Er gab Mose, Israels Anführer, die Anweisung, einen Baum ins Wasser zu werfen. Sofort verwandelte sich das bittere, giftige Wasser für das Volk in ein süßes, erfrischendes Getränk.

Kannst du dir die vielen Menschen vorstellen, als sie sich zum zweiten Mal um die Wasserstelle versammelten? Müde vom Marschieren und misstrauisch aufgrund zu vieler gebrochener Versprechen und schlechter Erfahrungen, näherten sie sich vorsichtig an, um noch einmal einen Schluck zu nehmen. Sie schöpften das Wasser mit ihren Händen und führten es zum Mund, ohne zu wissen, was sie erwartete. Wie sehr müssen ihre Gesichter gestrahlt haben, als sie das frische, süße Wasser schmeckten, das ihnen wohltuend durch die brennende Kehle rann!

Liebe:r Freund:in, genau das will Gott für dich tun. **Er möchte alles Bittere in deinem Leben versüßen und dir die Hoffnung**

auf gute Dinge zurückgeben. Wie er das macht? Indem er deine Aufmerksamkeit auf den »Baum« lenkt.

Denn der Baum, der ins Wasser geworfen wurde, steht als Bild für Jesus am Kreuz. Es steht für die Liebe Gottes, die er bewies, als er seinen eigenen Sohn ans Kreuz schickte, um dir alles zu erkaufen, was dieses Leben an Gutem zu bieten hat. Es steht für Jesus, der bereitwillig unsere Sünden auf sich nahm, damit wir seine Gerechtigkeit annehmen könnten – und das damit verbundene Leben führen würden, das uns jede Menge Segen erhoffen und erwarten lässt. **Geliebtes Kind Gottes, das Kreuz ist das Sinnbild eines Versprechens – eines Versprechens, das nicht nur gegeben, sondern auch gehalten wurde.**

Genau wie das Volk Israel an jenem Tag, trink auch du in tiefen Zügen von der Liebe des Herrn zu dir, die sich am Kreuz gezeigt hat. Lass seine Heilung dort beginnen, wo deine tiefsten Wunden sind. Nimm dir Zeit, um Predigten über seine Gnade zu hören und um über seine Freundlichkeit und sein Mitgefühl zu meditieren. Damit gibst du seiner Güte die Chance, dein Herz wieder heil zu machen und jeden Stachel der Enttäuschung und Verletzung zu entfernen.

Der Herr möchte dich schmecken und sehen lassen, wie unendlich und unzweifelhaft gut er ist, damit du, wie Israel an jenem Tag, von dem Ort namens Mara weggehen kannst und dabei jedes bisschen Bitterkeit hinter dir lässt und dich auf bessere, in der Zukunft liegende Dinge freust.

WERDE AKTIV!

Enttäuschungen und Verbitterung können schwer zu überwinden sein. Finde heute in deiner Kirchengruppe einen guten Freund oder eine gute Freundin, jemanden, mit dem du offen über einige der Dinge sprechen kannst, die für dich enttäuschend sind. Bitte diese Person am Ende eures Gesprächs, mit dir zu beten und gemeinsam mit dir zu glauben, dass der Herr dich in diesen Bereichen wiederherstellen wird.

Nimm dir auch Zeit, Predigten über Gottes Liebe zu dir zu hören. Fang am besten damit an, indem du dir die kostenlose (englischsprachige) Predigt »Good Things Happen to People Who Believe God Loves Them« auf **JosephPrince.de/berg/material** anhörst.

Scanne dazu einfach den QR-Code!

LIES:

2. Mose 15,22–27 | Psalm 34,17–18

#THESTRUGGLEISREAL

TAG FÜNF

DIE HERAUSFORDERUNG IST *WIRKLICH* GROSS

The struggle is real – die Herausforderung ist groß.

Leider ist dies heute für viele nicht mehr nur ein ironisch gemeinter Spruch, sondern eher die Realität.

In einer kürzlich durchgeführten Umfrage gab fast die Hälfte aller jungen Amerikaner an, schon einmal eine Quarterlife Crisis durchgemacht zu haben.[1] Kennst du das auch? Es passiert zum Beispiel, wenn dich intensive Gefühle der Angst und Unsicherheit befallen, weil du krampfhaft versuchst, in Ausbildung, Beruf und Beziehungen immer den richtigen Weg zu finden.[2] Es passiert, wenn die Schritte, die du unternimmst, und die Türen, an die du klopfst, dich deinen Zielen kein Stück näher zu bringen scheinen. Oder wenn du einen Blick auf deine Zukunft wirfst und dir nichts weiter entgegenstarrt als die wachsende Wahrscheinlichkeit eines mittelmäßigen, langweiligen Lebens.

Über Kaleb wissen wir inzwischen, dass er in Ägypten als Sklave geboren und aufgezogen wurde. Er war einer von vielen. Als Sklaven kannten die Israeliten nur endlose Schwerstarbeit, jede Menge Stress und ständige Angst. Die Bibel sagt uns, dass sie nicht nur ihren ägyptischen Unterdrückern dienten, sondern auch für die Nahrung auf dem eigenen Tisch sorgen mussten, was mühsam und ermüdend war, und dass sie Aussaat und Bewässerung ohne Hilfsmittel, nur mit der Kraft ihrer Hände und Füße, erledigen mussten (5Mo 11,10). Um auch nur das Wenige zu bekommen, das man ihnen zugestand, mussten sie eine Menge Knochenarbeit leisten. Es überrascht daher nicht, dass *Ägypten* im Hebräischen wörtlich »doppelte (Meer-) Enge« oder »doppelter Stress« bedeutet.[3]

Klingt das vertraut? Ägypten steht als Bild für die Welt, in der wir leben. Überall, wohin wir blicken, sehen wir Menschen, die sich abrackern, Überstunden machen und ihren Schlaf opfern, nur um ihren Träumen einen Schritt näher zu kommen. Sie sind gestresst und von Panikattacken geplagt, weil sie als Sklaven des ständigen Konkurrenzkampfs glauben, es liege allein an ihnen, ihr Leben erfolgreich zu machen.

Aber wir sind keine Sklaven. **Wir sind Söhne und Töchter des allmächtigen Gottes und er hat ein besseres Leben für uns – für dich – auf Lager.**

Was Israel betrifft, bereitete er das Land der Verheißung für sie vor. Dieses versprochene Land war so reich mit Vorräten gefüllt, dass es hieß, es fließe vor Milch und Honig über! Gott versicherte ihnen: »In dem Land, in das ihr jetzt kommt, gibt es Berge und Täler und **es wird vom Regen bewässert. Der Herr, euer Gott, kümmert sich selbst um das Gedeihen und blickt das ganze Jahr über, vom Anfang bis zum Ende, freundlich auf das Land**« (5Mo 11,10–12 GNB). Das bedeutete, sie hatten keine Knochenarbeit mehr zu verrichten, indem sie Gräben aushoben, um ihre Felder zu bewässern.

Sie mussten nichts weiter tun, als einfach zu säen und zu pflanzen und dem Herrn zu vertrauen, dass er Regen senden würde.

So wie der Herr Israel aus Ägypten in das von ihm versprochene Land geführt hat, so möchte er auch dich aus einem Leben befreien, das dich unablässig fordert und stresst, und dich stattdessen in ein

SPINNING-KURS.

Leben der reichlichen Versorgung und Ruhe bringen. Er möchte dich in seinem Herzen der Liebe bergen, wo du sicher und zuversichtlich sein kannst. Er möchte, dass du in seinen Zusagen ruhst, dich erfolgreich zu machen und für alle deine Bedürfnisse zu sorgen!

Diese Ruhe hat nichts mit Untätigkeit zu tun. Sie ist von Jesus gelenkte Aktivität. In einem Leben der Ruhe geht es darum, unsere Augen auf ihn zu richten und im Inneren von ihm geführt zu werden. Lerne, ihn in alles, was du tust, einzubeziehen, und genau darauf zu achten, wohin er dich lenkt und wozu er dich anregt. Nur er kann dich zur richtigen Zeit an den richtigen Ort bringen, damit du die besten Gelegenheiten nutzen kannst, die dich segnen und voranbringen!

Wirf einen Blick auf dieses wunderschöne Bild. Es zeigt dir, was es bedeutet, im Herrn zu ruhen und mit ihm zu arbeiten. In Matthäus 11,28–30 (MSG) sagt uns Jesus: »Komm zu mir. Geh mit mir weg und du wirst dein Leben wiederfinden. **Ich zeige dir, wie du dich richtig ausruhen kannst. Geh mit mir und arbeite mit mir – beobachte, wie ich es mache. Erlerne den ungezwungenen Rhythmus der Gnade.** Ich werde dir nichts Schweres oder Unpassendes zumuten. Leiste mir Gesellschaft und du lernst, frei und leicht zu leben.«

Freund:in, Gott will, dass du ein paar sehr wichtige Dinge weißt: Das Leben, das er für dich hat, ist so viel besser als das, was die Welt dir bieten kann. Und du musst auch nicht alles allein auf die Reihe bekommen. Sei ruhig fleißig, aber ohne den Stress, die Unruhe und die Angst, die dich nachts wachhalten. Du kannst dir einen Tag nach dem anderen vornehmen und dabei entspannt bleiben. Du kannst positiv und in der Erwartung leben, dass die richtig guten Dinge noch vor dir liegen. Du kannst ein Leben der Ruhe genießen, anstatt gestresst zu sein.

Selbst wenn die Herausforderung so *richtig* heftig wird, kannst du dir ganz sicher sein, dass dein himmlischer Vater sich um jedes Detail in deinem Leben kümmert. Er ist bei dir, wo immer du bist, und passt auf dich auf. Er bringt seine Gnade – seine unverdiente, nicht selbst erarbeitete Gunst – in jede Situation hinein, die dir begegnet.

MACH MAL PAUSE VON DEINEN LUXUSPROBLEMEN.

1. »Nearly Half of Young Americans Have Experienced a Quarter-Life Crisis.« Business Wire, 17.07.2019. https://www.businesswire.com/news/home/20190717005074/en/Young-Americans-Experienced-Quarter-Life-Crisis.
2. Ives, A. (2020). Putting The Quarter-Life Crisis Under A Microscope. Girlboss, 15.03.2019. https://www.girlboss.com/work/quarter-life-crisis.
3. OT: 4714, James Strong, Biblesoft's New Exhaustive Strong's Numbers and Concordance of the Bible with Expanded Greek-Hebrew Dictionary. Copyright © 1994, 2003, 2006 Biblesoft, Inc. and International Bible Translators, Inc.

WERDE AKTIV!

Teile eine Seite in deinem Tagebuch vertikal in zwei Spalten auf. In die linke Spalte notierst du die an dich gestellten Anforderungen, die dir Druck und Stress bereiten. In der rechten Spalte schreibst du auf, was der Herr als Antwort auf jeden der Punkte gibt, die du links notiert hast. Schreib dir Verse heraus, in denen es um seine endlose, unbegrenzte Versorgung geht. Ein paar davon findest du gleich hier unten.

Füge dieser Tagebuchseite ein Lesezeichen hinzu. So kannst du die Seite gleich wiederfinden, wenn du spürst, dass der Druck erneut zunimmt. Deine Notizen werden dich an das erinnern, was zu jeder Zeit wahr ist – dass *Gott sich um alles kümmert*!

LIES:

Matthäus 11,28–30 | Philipper 4,19
Sprüche 16,9 | Sprüche 21,31

← Das ist noch nicht alles! Sieh dir das hier an!

ENTSCHEIDUNGEN.

TAG SECHS

WEM WIRST DU GLAUBEN?

Hast du schon mal versucht, zwei Leuten zuzuhören, die gleichzeitig mit dir reden? Das kann ganz schön verwirrend sein und man kommt kaum mit, vor allem, wenn sie unterschiedlicher Meinung sind.

Jetzt stell dir vor, nicht zwei, sondern *zwölf Leute* schleudern dir gleichzeitig ihre Ansichten entgegen.

Klingt ganz nach Irrenhaus, oder? Das ist genau die Situation, in der sich die Israeliten befanden, als sie an der Grenze zum verheißenen Land standen.

In 4. Mose 13 lesen wir die Geschichte von den zwölf Kundschaftern, die speziell für eine Erkundungsmission ins verheißene Land ausgewählt wurden. Bei ihrer Rückkehr sollten sie berichten, was sie dort gesehen hatten. Kannst du dir die Szene an diesem Tag vorstellen, wie sich die Leute dicht um die zurückgekehrten Männer drängten, die selbst schon ganz heiß darauf waren, ihre Berichte abzuliefern?

Zuerst schwärmten sie von dem üppigen Land und den sanften Hügeln. Begeistert schilderten sie die unglaublichen Erträge und die Früchte, die sie gesehen hatten – Trauben, die so gigantisch waren, dass man sie auf Stangen hängend wegtragen musste.

Doch ab da … drifteten ihre Schilderungen auseinander.

Zehn von ihnen begannen, über die Städte und die Bewohner des Landes zu sprechen: Die Städte seien zu gut befestigt, um in sie eindringen zu können, und unter den Bewohnern des Landes seien furchterregende Männer, aggressiv wirkende Krieger von überragender Statur. Doch zwei der zwölf Kundschafter zeigten sich zuversichtlich in ihrem Bericht. Sie sagten, alle sollten auf der Stelle geschlossen dorthin aufbrechen und das Land einnehmen, weil Gott auf ihrer Seite sei.

Die Mehrheit lieferte **einen Schreckensbericht ab, der von den Riesen und den Hindernissen beeinflusst war, die sie gesehen hatten**. Die Minderheit, Kaleb und Josua, präsentierte **einen Bericht, der voller Glauben war und sich auf den Gott, den sie kannten, stützte**.

Der Tumult, der im Lager Israels daraufhin losbrach, war das reine Chaos.

Vielleicht bist auch du heute im Kreuzfeuer der Stimmen und Meinungen gefangen und stehst zwischen dem, was Gottes Wort sagt, und dem, was die Welt um dich herum sagt. Die Nachrichten und die Medien sagen dir, die Zukunftsaussichten würden immer düsterer. Wohlmeinende Freunde und Familienangehörige sagen dir, deine Zukunft hinge ganz von dir ab. Und natürlich sind da noch die Stimmen des Zweifels und Zynismus, genährt von den Verletzungen und Enttäuschungen der Vergangenheit, die dir sagen, deine Chancen, alle Schwierigkeiten zu überwinden und richtig erfolgreich zu werden, stünden bei null.

Was die Welt sagt	Was Gottes Wort sagt
„Sieh dir nur das ganze Chaos an und wie instabil heutzutage alles ist. Es wird zunehmend schwieriger, das Leben zu meistern."	Du hast Hoffnung und eine Zukunft, weil Gott einen Plan für dein Leben hat (Jer 29,11).
„Du lebst in einer miesen Umgebung, gehst in eine schlechte Schule … Was glaubst du, wo du mal landen wirst?"	Der Herr wird dich an die Spitze setzen, du wirst nicht das Schlusslicht sein; und es wird mit dir immer nur aufwärts und nicht abwärts gehen (5Mo 28,13).
„Wenn du nicht über die richtigen Verbindungen, Qualifikationen, gutes Aussehen oder Geld verfügst, wirst du es im Leben nicht schaffen."	Der Herr ist mit dir und macht dich erfolgreich (1Mo 39,2).
„Schau dir die Familie an, in der du aufgewachsen bist. Deine eigenen Beziehungen werden nicht anders sein, nicht weniger gestört oder kaputt."	Dein Papa-Gott wird alles vollkommen machen, was dich betrifft (Ps 138,8).
„Du wirst das nie erreichen können. Du hast einfach nicht das Zeug dazu."	Du kannst alles schaffen durch Christus, denn er gibt dir die Kraft dazu (Phil 4,13).
„Mach dir keine Hoffnungen. Am Ende wirst du nur enttäuscht werden."	Deine Hoffnung wird nicht enttäuscht werden, denn Gott liebt dich (Röm 5,5).

Freund:in, Gott möchte, dass du wählerisch bist bei den Stimmen, die du in dein Leben lässt. Denn wer in dein Leben hineinsprechen darf, beeinflusst unweigerlich deine Art zu denken und zu fühlen, die Entscheidungen, die du triffst, und letztlich auch, ob du im Leben Erfolg hast oder nicht. An jenem Tag übertönten in den Ohren Israels die Stimmen der zehn Kundschafter die Stimmen der zwei und damit *auch* die Stimme des Herrn, der ihnen sagte, dass er ihnen das Land bereits gegeben habe.

Die entscheidende Wahrheit hier ist einfach diese: **Man bekommt das, woran man glaubt**. Für die Israeliten ging die Sache traurig aus. Sie bekamen genau das, woran sie glaubten – sie konnten das gelobte Land nicht betreten und irrten stattdessen für den Rest ihres Lebens in der Wüste umher. Kaleb und Josua hingegen, die Gott beim Wort nahmen, ließ er stark bleiben, die Wüste überdauern und das Land einnehmen!

Wir sollten uns heute für das entscheiden, was Kaleb und Josua zu berichten hatten: »Lasst uns sofort aufbrechen und das Land einnehmen, denn **wir können es ganz bestimmt erobern**!« (4Mo 13,30 NLB).

ZEBRASTREIFEN.

WERDE AKTIV!

Auf welche Stimmen hast du in der letzten Woche gehört? Vielleicht waren es die Stimmen von Familienangehörigen, Freunden, deinem Chef oder einer besonderen Bezugsperson in deinem Leben. Vielleicht die Stimmen der Nachrichten und sozialen Medien. Oder vielleicht auch deine eigene Stimme. Nimm dir etwas Zeit, um diese Stimmen und das, was sie sagen, genauer unter die Lupe zu nehmen.

Überlege dir, mit der Bibel in der Hand, welchen Stimmen du den Vorrang gibst und wessen Worten du glauben willst.

LIES:

4. Mose 13 | Psalm 1

AUSSER BETRIEB.

TAG SIEBEN

HÖR AUF, UMHERZUWANDERN. FANG AN ZU LAUFEN.

Ich habe eine Frage an dich, die dein jetziges Leben betrifft: *Läufst du schon oder wanderst du noch umher?*

Du willst den Unterschied wissen? Beides mag auf den ersten Blick gleich aussehen, aber das eine hat nichts mit dem anderen zu tun. Laufen ist bewusste, entschlossene Fortbewegung, die einem bestimmten Ziel zustrebt. Umherwandern ist ziellos, richtungslos und bringt einen nicht weiter.

Vielleicht kommt dir das Leben bedeutungslos vor und du schleppst dich einfach nur durch den Alltagstrott. Nach außen hin scheint es dir ganz okay zu gehen, vielleicht wirkt es sogar, als kämst du voran und hättest alles im Griff. Aber innerlich fällt es dir schwer, deinen Lebenszweck oder überhaupt irgendeinen Sinn zu finden. Was tust du also? Du lässt den Kopf hängen, quälst dich durch die Tagesroutine, ohne genau zu wissen, wohin du eigentlich gehst und ob es die richtige Richtung ist.

Freund:in, Gott möchte, dass du aufhörst umherzuwandern und anfängst zu laufen!

Gottes Plan für Israel war von Anfang an der direkte Weg aus Ägypten heraus und hinein ins vorbereitete verheißene Land. Es war nie seine Absicht, sein Volk ziellos in der Wüste umherwandern zu lassen.

Wie kam es dennoch dazu? Hebräer 3,19 sagt uns, dass sie das Land aus dem Grund nicht betreten konnten, **weil sie nicht glaubten**. Sie glaubten Mose, ihrem Anführer, nicht, der sie ständig an Gottes Güte und Treue zu ihnen erinnerte. Sie glaubten Kaleb und Josua nicht, die nach ihrer Erkundungstour in das Land eine positive, zuversichtliche Einschätzung abgaben. Sie glaubten dem Herrn und seiner Zusicherung nicht, dass er ihnen das Land *wirklich* gegeben hatte.

Werfen wir einen Blick auf die Reise der Kinder Israels von Ägypten bis ins verheißene Land.

Kannst du sehen, was mit den Israeliten passiert ist? Die alte Generation, die dem Wort des Herrn nicht glaubte, lief letztendlich im Kreis herum. Die neue Generation, die an das Wort des Herrn glaubte, zog dann geradewegs in das verheißene Land.

Das Gleiche gilt für uns. **Jedes Mal, wenn wir uns dafür entscheiden, Gott beim Wort zu nehmen und ihm zu glauben, beginnen wir zu laufen. Wir gewinnen allmählich an Boden. Wir machen langsam echte Fortschritte.** Aber jedes Mal, wenn wir Gottes Wort aus den Augen verlieren und zulassen, dass das, was wir sehen, unsere Gedanken, Gefühle und Entscheidungen beherrscht, wandern wir am Ende ohne die Gewissheit umher, dass Gutes auf uns wartet.

Jesus selbst veranschaulichte dies mit einem aufschlussreichen Gleichnis in Matthäus 7,24–27. Er sprach über kluge Menschen, die ihre Häuser auf der felsenfesten Grundlage seines Wortes bauen, während die Unklugen ihre Häuser auf dem veränderlichen Sand der menschlichen Logik und Erfahrung bauen. Wenn die Stürme toben, bleiben die Häuser der Klugen stehen, aber die Häuser der Unklugen werden weggeschwemmt. Freund:in, Jesus erzählte diese Geschichte, weil er dich etwas Wichtiges wissen lassen will: Dein Leben ist zu kostbar, um es auf einem wackeligen Fundament aufzubauen, das dir Ungewissheit bringt und dich Verlust erleiden lässt. Er möchte, dass dein Leben sicher auf seinem unerschütterlichen Wort gegründet ist. Wenn das der Fall ist, wirst du mit der zuversichtlichen Erwartung leben, dass du alle Stürme des Lebens überdauern und all das Gute genießen wirst, das Gott dir versprochen hat.

In 2. Korinther 1,20 wird uns ein wirkungsvoller Weg gezeigt, wie wir sein Wort ergreifen können: »Denn so viele Verheißungen Gottes es gibt – in ihm ist das **Ja**, und in ihm auch das **Amen**, Gott zum Lob durch uns!« Das bedeutet, jedes Mal, wenn du eine Verheißung oder einen Segen in Gottes Wort liest, jedes Mal, wenn du einen Prediger über Gottes gute Pläne für dein Leben sprechen hörst, antwortest du mit einem kräftigen »Ja!« und »Amen!« und glaubst fest daran, dass Gott alles ganz sicher erfüllen wird.

Hör auf, umherzuwandern, und mach dich heute noch auf den Weg in all das, was er für dich auf Lager hat.

WERDE AKTIV!

Nimm dir Zeit, dem Herrn heute in deinem Tagebuch von den Bereichen in deinem Leben zu erzählen, in denen du das Gefühl hast, umherzuwandern. Erzähle ihm von den Ängsten, Sorgen und Belastungen, die dein Herz beschweren und deinen Verstand beschäftigt halten.

Schlage anschließend einige Zusagen in seinem Wort nach, die sich auf deine Empfindungen oder die Bereiche in deinem Leben beziehen, über die du gerade geschrieben hast. Wenn du dir nicht sicher bist, wo du anfangen sollst, gib einfach Sätze wie »Was sagt die Bibel über meine Zukunft« oder »Bibelverse über Angst und Sorge« in deine Online-Suchmaschine ein.

LIES:

4. Mose 14,1–38 | Hebräer 3,16–19

2. Korinther 1,19–20

BASE CAMP 2

TRAU DICH, ANDERS ZU SEIN

×

FINDE HERAUS, WIE DU IN EINER KULTUR DES UNGLAUBENS EIN LEBEN IN *AUTHENTISCHEM* GLAUBEN FÜHREN KANNST.

NICHT EINFACH ANDERS, UM ANDERS ZU SEIN.

TAG EINS

TRAU DICH, ANDERS ZU SEIN

Ist es nicht merkwürdig, dass Gott von all den Dingen, für die er Kaleb ein Kompliment hätte machen können, gerade dieses eine Attribut wählte: dass in ihm »ein anderer Geist« sei (4Mo 14,24)?

Ein anderer Geist. Was könnte das nur bedeuten?

Geht es lediglich darum, sich von der Masse abzuheben? Oder geht es darum, auf die überraschendste und schockierendste Weise auszudrücken, wer man ist? In unserer heutigen Kultur, in der Individualität, Selbstausdruck und Normabweichung gefeiert und verherrlicht werden, kann es ziemlich schwierig zu verstehen sein, was Gott meint, wenn er davon spricht, »anders« zu sein.

Freund:in, Gott will nicht, dass dein Anderssein dem Selbstzweck dient.

Wirf einen Blick auf die Botschaft, die Jeremia, ein junger biblischer Prophet, vom Herrn empfing:

> *Der Herr gab mir diese Botschaft: »Ich kannte dich, bevor ich dich im Schoß deiner Mutter geformt habe. Bevor du geboren*

wurdest, ***habe ich dich ausgesondert und dazu berufen****, mein Prophet gegenüber den Völkern zu sein.« — Jeremia 1,4–5* NLT

Auch du heute bist nicht wegen deiner Persönlichkeit, deiner Kleidung oder deines Lebensstils anders. **Du bist anders, weil der Herr dich berufen und für seine Zwecke ausgesondert hat!** Der Eine, der dich in- und auswendig kennt und dich ganz und gar liebt, hat eine großartige Bestimmung für dein Leben, die nur du erfüllen kannst.

Und hier ist der Grund, warum der Herr dich ausgewählt hat, um nach seinem Plan eine ganz bestimmte Berufung zu erfüllen: Er hat dich nicht wegen deiner natürlichen Fähigkeiten oder Qualifikationen ausgewählt; er hat dich wegen deiner Schwächen und deinem Bedürfnis nach seiner Gnade ausgewählt! Sieh dir an, was Gott als Grund dafür nannte, weshalb ausgerechnet Israel seinen Namen tragen sollte:

Denn ihr seid ein Volk, das ausschließlich dem Herrn gehört. Der Herr, euer Gott, hat euch unter allen Völkern der Erde ausgewählt und zu seinem Eigentum gemacht. ***Das tat er nicht etwa, weil ihr größer seid als die anderen Völker – ihr seid vielmehr das kleinste unter ihnen!*** *Nein, er tat es einzig deshalb, weil er euch liebte und das Versprechen halten wollte, das er euren Vorfahren gegeben hatte. — 5. Mose 7,6–8a* GNB

Der Herr hat sie nicht erwählt, weil sie das größte oder stärkste Volk waren, sondern weil er sie als das kleinste und schwächste liebte. Es ist das genaue Gegenteil davon, wie die Welt Menschen für ihr Team auswählt, denn unser Gott ist ein Gott der Gnade! Mach

GÖTTLICHE OFFENBARUNGEN.

dich also von dem Zweifel frei, ob Gott dich überhaupt gebrauchen kann. Er *kann* es nicht nur, er *will* es auch. Deine Minuspunkte lassen Raum für seine Pluspunkte. Dein Defizit lässt Raum für das kraftvolle Fließen seiner Versorgung, seiner Stärke, seiner Salbung und seiner Gaben in deinem Leben!

Wenn du begreifst und glaubst, dass Gott eine großartige Absicht und einen ebenso großartigen Plan für dich hat, kannst du nicht anders, als dein Leben anders als die Welt zu leben. Du hast dann keine Zeit, dich der Sünde und sinnlosen Beschäftigungen hinzugeben, die letztendlich unbefriedigend sind. Du hörst auf, wie die Menschen der Welt zu leben, die getrieben sind von dem Verlangen nach körperlichem Vergnügen, dem Verlangen nach Dingen, die sie sehen und nicht haben, dem Verlangen nach Errungenschaften und Besitztümern, die ihren Stolz aufblähen (1Joh 2,15). Stattdessen fängst du an, Entscheidungen und Pläne für dein Leben zu treffen, die mit Gottes Wort übereinstimmen, weil du das Herz deines Vaters kennst, der dich in ein Leben führen will, das größer ist als all diese Dinge.

Interessanterweise bedeutet das Wort *anders*, das Gott zur Beschreibung von Kalebs Geist verwendet, im Hebräischen eigentlich »folgen«. Er sagte über Kaleb: »Mein Diener Kaleb ... hat einen **anderen** Geist; er **folgt** mir leidenschaftlich nach« (4Mo 14,24 MSG). Denn tatsächlich war Kaleb anders als seine Altersgenossen, weil er von Herzen bestrebt war, dem Herrn zu folgen. Und das tat er auch, als es 10:2 gegen ihn stand.

Ja, es wird Zeiten geben, in denen es sich vielleicht beängstigend anfühlt, die »Sicherheit« der Mehrheitsmeinung zu verlassen. Es wird Zeiten geben, in denen es angesichts von Gruppendruck und gesellschaftlichen Wertvorstellungen und Meinungen Mut erfordert, dem Herrn zu folgen. Doch wenn du es tust, wird der Herr für dich einstehen, wie er es für Kaleb getan hat. Er wird vielleicht nicht mit einer hörbaren Stimme vom Himmel aus sprechen, aber er wird offensichtlich werden lassen, dass dein Leben wirklich anders ist und zu seiner Ehre abgesondert. Du wirst dich in einem außergewöhnlich gesegneten Leben wiederfinden und wahres Glück und echte Erfüllung erfahren, wie es sich die Welt nur erträumen kann.

Freund:in, der Herr steht auf deiner Seite, und er ruft dich dazu auf, dich auch auf seine zu stellen. Wage es, anders zu sein!

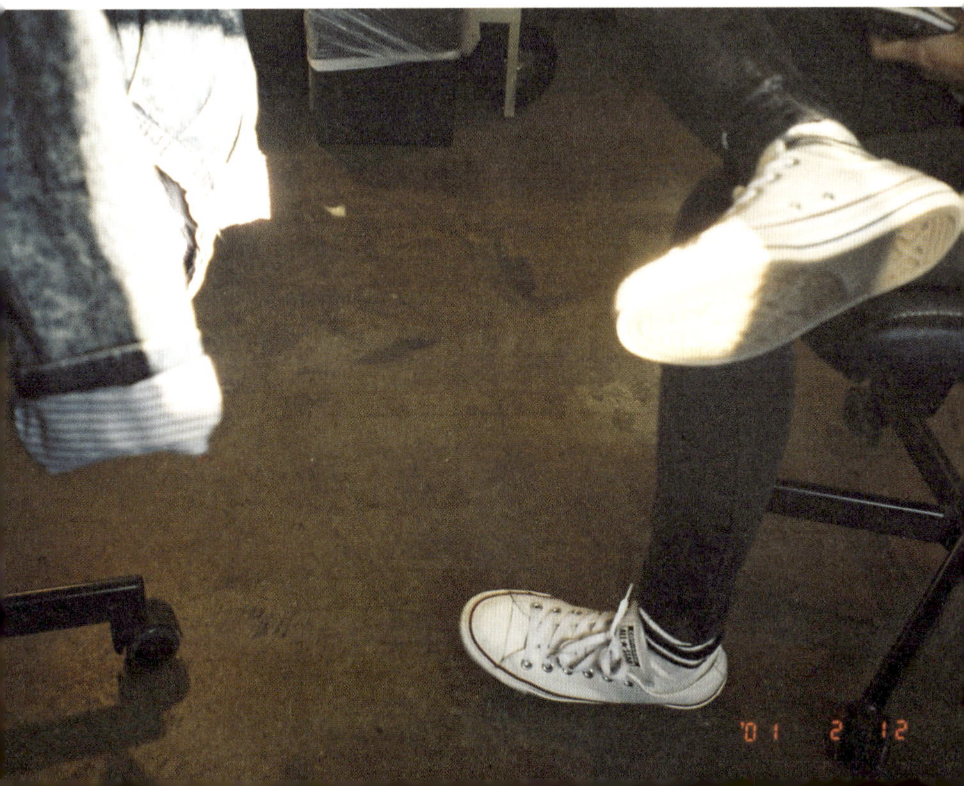

WERDE AKTIV!

Wie finden wir heraus, was Gottes Bestimmung für unser Leben ist?

Epheser 1,11–12 (MSG) sagt uns auf wunderschöne Weise, dass wir in Christus entdecken, **wer wir sind** und **wofür wir leben.** Aufgrund unserer Beziehung mit Jesus schreibt der Heilige Geist Gottes Plan für unser Leben auf die Leinwand unseres Herzens (Hebr 8,10 MSG). Das bedeutet, dass sich deine Berufung, die Gott für dich hat, und seine Absichten mit dir oft in den gottgegebenen Wünschen offenbaren, die er in dein Herz gelegt hat. Außerdem wird Gottes Plan für dein Leben immer auf das ausgerichtet sein, was er durch den Dienst innerhalb seines Leibes – der Gemeinde – tut (Eph 1,23 MSG). Überlege dir also, in welchem Dienst in deiner Ortsgemeinde du dich selbst sehen kannst.

Nimm dir heute etwas Zeit, um dem Herrn in deinem Tagebuch von deinen Wünschen zu erzählen. Fang vielleicht an, indem du dich mit ihm über diese Fragen unterhältst:

- *Was tust du gern? Was liebst du?*
- *Was begeistert dich, spornt dich richtig an?*
- *Wenn du frei wählen könntest, wo würdest du dich in der Gemeinde gern einbringen?*

LIES:

4. Mose 14,24 | Jeremia 1,4–5
Epheser 1,11–12.20–23

← Erfahre hier noch mehr.

HEIMLICH.

TAG ZWEI

DAS GEHEIME LEBEN EINES RIESENTÖTERS

Wenn es um das Töten von Riesen geht, gibt es wohl keine bekanntere Geschichte als die von David und Goliat. Sie erzählt, wie ein rotwangiger Hirtenjunge, kaum 17 Jahre alt, einem kampferprobten Kriegergiganten mit nichts als einer Schleuder und einem Stein gegenübertrat. Der Rest ist, wie man so schön sagt, Geschichte – ein kleiner Stein zischte los und brachte den Riesen zu Fall.

Wie Kaleb schien auch David aus dem Nichts aufgetaucht zu sein. Bevor sein Kampf mit Goliat ihn in ganz Israel bekannt machte, verlief Davids Leben nicht gerade glänzend. Eigentlich war es sogar ziemlich hart. Als der jüngste von acht Söhnen lebte David im Schatten seiner sieben ehrgeizigen Brüder, die alle um eine herausragende Position in der Familie rangelten und um Anerkennung in den Augen ihres Vaters Isai kämpften. Im Vergleich zu seinen Brüdern, von denen einige bereits ihren Platz in den Reihen der neu gebildeten israelitischen Armee gefunden hatten, schien David für Isai nichts anderes zu sein als eine willkommene Hilfe bei den mühsamen und niederen Arbeiten rund ums Haus und insbesondere bei der Arbeit in der Schafzucht. Einmal, als die Familie von einem der größten Prominenten des Landes, dem Propheten Samuel, besucht wurde, dachte niemand auch nur ansatzweise daran, David zu informieren (1Sam 16,5–11). Und keiner, nicht einmal sein *eigener Vater*, interessierte sich genügend für ihn, um seine Abwesenheit zu bemerken.

Kannst du dir vorstellen, was diese Art der Behandlung dem Selbstwertgefühl eines Menschen antun kann? Stell dir nur mal vor, wie abgelehnt und unzulänglich sich David insgeheim gefühlt haben muss.

Manche von uns werden sich das vielleicht gar nicht vorstellen müssen, weil sie diese Gefühle nur zu gut kennen und wissen, wie das ist. Ob es nun an unseren chaotischen Familienverhältnissen liegt, an den achtlosen Worten, die über uns gesagt wurden und die uns unseren Wert in Frage stellen ließen, oder an den Schikanen, die wir während unserer Kindheit und Jugend durchgemacht haben – wir alle haben Gründe, warum wir mit einem ständigen Gefühl der Unzulänglichkeit leben. Gründe, weshalb dieses Gefühl, »nicht gut genug« zu sein, ein chronischer Zustand für uns ist. Wir schwanken zwischen dem verzweifelten Drang, uns mehr anzustrengen, um uns zu beweisen, und unserer tiefen Angst vor dem Versagen, die uns vor günstigen Gelegenheiten zurückschrecken lässt. Manchmal, wenn gute Dinge geschehen, endet es sogar damit, dass wir uns selbst sabotieren, weil wir irgendwo tief in uns das Gefühl haben, sie nicht zu verdienen.

Wie also wurde David, dem Vernachlässigung, Ablehnung und harte Worte nicht fremd waren, zu einem Riesentöter? Wie konnte er Goliats spöttische Beleidigungen gegen Israel hören und sich nicht augenblicklich unterlegen und hilflos fühlen? Wie konnte er sich stattdessen voller Empörung hinstellen und herausfordernd fragen: »Wer ist dieser unbeschnittene Philister überhaupt, dass er das Heer des lebendigen Gottes verhöhnen darf?« (1Sam 17,26 NLB).

Was übersehen wir hier? Was war das Geheimnis dieses jungen Mannes, das ihn beim Anblick eines Riesens nicht zurückweichen ließ?

Wir finden unsere Antwort an dem unwahrscheinlichsten Ort und in den scheinbar unbedeutendsten Momenten in Davids Leben – draußen auf den Weiden, wo er als Hirtenjunge die Schafe seines Vaters hütete. Nachdem man ihn mehr oder weniger aus dem Haus geworfen und ihm befohlen hatte, Weidegrund für die Herde zu finden und diese dort hinzuführen, hätte David seine Zeit mit Grübeleien darüber verbringen können, wie sehr man ihn verletzt hatte, wie unwichtig sein Leben war und was für ein unbedeutender Taugenichts er doch war. Und das hätte durchaus passieren können … wenn der Herr ihm dort nicht begegnet wäre.

Dort draußen kam der Herr zu ihm und verwandelte diesen einsamen Ort der Zurückweisung in den Ort seiner Gegenwart. An diesem Ort stellte David fest, dass all die Ablehnung, die von seiner Familie zu spüren war, in der liebevollen Umarmung des Einen, der ihn im Bauch seiner Mutter geformt und gestaltet hatte, einfach von ihm abfiel (Ps 139,13). Dort schüttete David dem Herrn sein Herz aus und ließ sich von ihm mit Zustimmung und Bestätigung füllen. An manchen Tagen hörte David beim Verlassen des Hauses vielleicht jemanden hinter sich rufen: »Los, verschwinde endlich und kümmere dich um diese paar armseligen Schafe«, aber gleich darauf wird er die Stimme des Herrn gehört haben, die sagte: »Komm mit mir, David. Ich verbringe so gern Zeit mit dir« (Ps 27,8 NLT).

Und dort, auf den Weiden seiner Gegenwart, **ließ der Herr den ersten Riesen zu Boden gehen, dem David jemals begegnet war – Davids geringe Meinung von sich selbst**, die sich im Laufe der Jahre bei ihm verfestigt hatte.

Freund:in, oft ist der erste Riese in unserem Leben, der getötet werden muss, nicht an unserem Arbeitsplatz, in unserem Studium oder in den »praktischen« Bereichen unseres Lebens zu finden. Er lebt vielmehr in unseren Herzen. Er ist von derselben Art wie der, den der Herr für David töten musste.

Die Menschen der Welt versuchen, die Probleme, die sie mit ihrem Selbstwertgefühl haben, durch Methoden wie Achtsamkeit und Selbstliebe zu lösen. Sie sehen sich jeden Tag im Spiegel an und sagen: »Du bist genug.« Aber das ist ihre eigene Stimme, die gegen all die anderen Stimmen in ihrem Kopf kämpft, und meistens zieht die eigene dabei den Kürzeren.

Aber für uns Kinder Gottes läuft die Sache anders. **Wir haben die Stimme unseres Vaters. Die Stimme des Einen, der uns erschaffen hat. Die Stimme des Einzigen, der tatsächlich das Recht hat, uns zu sagen, wer wir sind.**

Wie hören wir heute seine Stimme? Wie begegnen wir ihm so, wie David es tat?

Jesus sagt uns in Matthäus 6,6 (EÜ): »Du aber, wenn du betest, geh in deine Kammer, schließ die Tür zu; dann bete zu deinem Vater, der im Verborgenen ist!« Das Wort *Kammer* hat im Hebräischen die Bedeutung von einem geheimen Ort. Nun frage ich dich: Was schließen wir in den geheimen Ort unseres Herzens ein?

Unsere versteckten Probleme.

Die Dinge, die nicht für einen Instagram-Post taugen.

Die Dinge, mit denen wir nicht klarkommen.

Die Dinge, die wir begraben und vergessen wollen.

Freund:in, dies ist der Raum in deinem Herzen, wohin der Herr von dir eingeladen werden möchte – dorthin, wo du all deine Gefühle der Ablehnung und deine Selbstzweifel aufbewahrst, wo du deine Narben verbirgst, die Menschen, Worte und Erfahrungen hinterlassen haben. Wenn du ihn einlädst, wirst du seine liebevolle Stimme hören, die dir sagt, dass er keinen Fehler gemacht hat, als er dich geschaffen hat. Er wird dir sagen, wie stolz er auf dich ist. Dass er dich zu einem Gewinner gemacht hat, auch wenn es vielleicht noch niemand in deinem Leben sehen kann, aber nur, weil du ein gut gehütetes Geheimnis bist, das er zu gegebener Zeit enthüllen wird.

Freund:in, so sah Davids geheimes Leben aus. Und so sieht auch das geheime Leben aus, das der Herr gerne mit dir teilen möchte und zu dem er dich einlädt. Es ist das geheime Leben eines Riesentöters.

Wenn du – wie David – Ja zur Einladung des Herrn sagst, wirst du feststellen, dass du nicht *wegläufst*, sondern auf jeden Riesen in deinem Leben *zuläufst*, der es wagt, dich klein zu machen. Weil du weißt, dass der Herr immer hinter dir steht, und weil du diese Lügen einfach so satthast.

WERDE AKTIV!

Beginne während der nächsten Tage damit, ein geheimes Leben mit dem Herrn aufzubauen. Finde einen Ort, an dem du mit ihm allein sein kannst, um über deine Gefühle und die Dinge zu sprechen, die dein Herz schwer belasten. Lerne, wie David es getan hat, deine Ängste, Sorgen und alles, was du vielleicht tief in deinem Herzen vergraben hast, vor dem Herrn auszuschütten. Du kannst an einem ungestörten Ort laut mit ihm reden, deine Gedanken und Gefühle in dein Tagebuch schreiben und sogar etwas Lobpreismusik laufen lassen, während du seine Antworten in Ruhe auf dich wirken lässt.

LIES:

1. Samuel 17 | 1. Samuel 16,1–13

SCHALTE MAL STUMM.

TAG DREI

ZEHNMAL BESSER ALS DIE WELT

Wenn du schon längere Zeit in der Kirche bist, hast du diesen Satz wahrscheinlich schon einmal gehört: »Wir sind in der Welt, aber nicht von der Welt.«

Das klingt, als wäre es ganz einfach, aber wie lässt es sich umsetzen? Wie leben wir als Gläubige im Kontext unserer heutigen Welt – in einer säkularen Kultur mit sich ständig wandelnden gesellschaftlichen Normen, vielfältigen Lebensmodellen und dem freien Zugriff auf jede Art von Online-Inhalten? Und wie halten wir dennoch an unseren Überzeugungen und Werten als aufrichtige Kinder Gottes fest? **Wie können wir in einer säkularen Welt geistlich sein?**

Es gibt in der Bibel kein passenderes Beispiel für jemanden, der sich mit genau dieser Realität auseinandersetzen musste, als den Propheten Daniel.

Daniel wurde in einen besonders wechselvollen Zeitabschnitt der Geschichte Israels hineingeboren. Es war lange nach der Zeit Kalebs.

Israel hatte den Herrn verworfen und war infolgedessen unter babylonischer Herrschaft in Gefangenschaft geraten. Dort in Babylon wurden Daniel und seine drei Freunde eigens ausgewählt und auf Befehl von König Nebukadnezar in den Palast gebracht, um dort ausgebildet und geschult zu werden, damit sie am Hof des Königs dienen konnten.

Da waren sie nun. Vier jüdische Teenager, ins Zentrum des babylonischen Reiches gestoßen, wo sie sich in der unbekannten und sehr säkularen Landschaft des Palastlebens zurechtzufinden mussten. Als Teil einer auserlesenen Gruppe von Eliteschülern hatten sie Zugang zu vielen Vergünstigungen. Sogar Wein und speziell für sie zubereitete »Delikatessen« aller Art standen auf Veranlassung des Königs für sie bereit – Köstlichkeiten, die anregend für jede Art von Appetit waren und jegliches Verlangen stillen konnten. Tatsächlich hatte der König sogar angeordnet, von diesem Luxus Gebrauch zu machen, auch wenn dies bedeutete, gegen ihre jüdischen Bräuche und Überzeugungen und gegen den Herrn selbst zu verstoßen.

Denk mal einen Moment darüber nach. Daniel und seine Freunde waren in einem fremden Land und bekamen eine scheinbar gute Behandlung und Privilegien geboten. Weit weg von ihren jüdischen Freunden und ihrer Familie – wer würde überhaupt mitbekommen, wenn sie der Versuchung nachgäben und Kompromisse eingingen? Immerhin hatte der König eine Verweigerung als Option bereits ausgeschlossen, nicht wahr?

Es wird Zeiten in deinem Leben geben, in denen du in der gleichen Situation sein wirst, in der sich Daniel befand. Es wird Momente geben, in denen deine Werte und Überzeugungen als gläubiger Mensch in Frage gestellt und sogar angegriffen werden. Es wird Situationen geben, in denen du vor dem Hintergrund der neuen »normalen« Gesellschaft mit schwierigen Entscheidungen konfrontiert sein wirst, die du in deinem Berufsleben, in deinen Beziehungen und bei deiner Lebensgestaltung treffen musst. Es wird ein Punkt in deinem Leben kommen, an dem deine Freunde, die es nicht besser wissen, Dinge wie diese zu dir sagen:

»Du lebst nur einmal! Zieh los und probiere mal was Neues aus.«

»Warum verschwendest du deine Zeit in der Kirche? Geben wir uns lieber die Kante.«

»Was sollen diese ganzen Regeln? Mach doch einfach das, was du willst.«

»Hey, ist doch nur dieses eine Mal. Wird schon keiner merken.«

»Woher willst du wissen, dass es dir nicht gefällt, wenn du es noch nie ausprobiert hast?«

»Warum bist du so verklemmt, wenn es um Sex vor der Ehe geht? Das macht doch jeder.«

»Echt jetzt, du bist noch Jungfrau?«

Tatsache ist, Gott geht es nicht darum, dir den Spaß zu verderben. Epheser 5,11–13 (MSG) sagt uns klar, worum es wirklich geht: **»Verschwendet eure Zeit nicht mit nutzlosem Tun, sinnloser Beschäftigung und den fruchtlosen Aktivitäten der Finsternis. Deckt vielmehr auf, dass diese Dinge nur eine Täuschung sind. Es ist ein Skandal, wenn Menschen ihr Leben an Dinge verschwenden, die sie in der Dunkelheit tun müssen, damit es niemand mitbekommt. Reißt dem Schwindel die Maske herunter und seht, wie anziehend diese Dinge im Licht Christi dann noch wirken.«**

Wenn du das liest und in irgendeinem Bereich Mist gebaut hast, ist das nicht das Ende. Unter dem neuen Bund bist du eine neue Schöpfung; dir ist vollständig vergeben und du bist in Christus gerecht. Du brauchst keinen Augenblick länger in Sünde oder mit sinnlosen Dingen beschäftigt zu leben. Tatsächlich möchte der Herr, dass du dich aufrichtest und weiter für ihn leuchtest. Indem Jesus uns Gläubige das Licht der Welt und eine Stadt auf einem Hügel nannte (Mt 5,14), gab er uns ein Bild davon, wie er unser Leben zu einem Zeugnis und herrlichen Beispiel machen will, das unseren Freunden und unserer Familie zeigt, was geschieht, wenn er in unserem Leben zur Realität wird. Er will uns mit seiner Gunst und Weisheit in so ungeheurer Weise von anderen Menschen unterscheiden, dass wir am Ende zehnmal besser dastehen werden als die Welt!

Genau das ist auch mit Daniel passiert. Dieser junge Mann war sich so deutlich bewusst, dass sein Leben für Gottes Plan ausgesondert war, dass er **»sich in seinem Herzen vor[nahm], sich nicht mit der feinen Speise des Königs und mit dem Wein, den er trank, zu verunreinigen«** (Dan 1,8). So ging er direkt zum Oberkämmerer, bei dem der Herr dafür gesorgt hatte, dass er Daniel wohlgesonnen war, und bat ihn für sich und seine drei Freunde um Erlaubnis, die zubereiteten Delikatessen nicht essen zu müssen.

Gott war so erfreut über die Wahl, die diese jungen Männer getroffen hatten, dass er begann, sie von den anderen abzuheben. Sie sahen nicht nur zehnmal gesünder und besser genährt aus als ihre Altersgenossen, die das vom König zugewiesene Essen zu sich nahmen, sondern Gott gab ihnen auch die ungewöhnliche Begabung, jeden Aspekt der Literatur und Wissenschaft zu verstehen. Gott verlieh Daniel sogar die besondere Fähigkeit, die Bedeutungen von Visionen und Träumen zu interpretieren. AmEnde ihrer Ausbildungszeit, als der König sie befragte, befand er, dass sie zehnmal besser, klüger und fähiger waren als alle Weisen in seinem Königreich! Niemand beeindruckte ihn so sehr wie sie, und so wurden ihnen sofort königliche Posten an seinem Hof zugewiesen (Dan 1,15–20 NLB).

Freund:in, hast du das verstanden? Jedes Mal, wenn du zu dem Entschluss kommst, mit deinen Entscheidungen und mit der Art deiner Lebensgestaltung den Herrn ehren zu wollen, kommen Gottes Segen und Salbung auf dich und sorgen für eine gute Entwicklung. Er wird dich fördern und voranbringen, wenn du seiner Stimme in deinem Leben Priorität und Gewicht gibst (1Sam 2,30)! Wenn seine Salbung auf dich kommt, ist das Ergebnis nicht irgendeine unsichtbare oder »geistliche« Verwandlung, die nur andere Gläubige wahrnehmen können. Nein! Das Ergebnis sind offensichtliche, spürbare, praktische Segnungen, die dich von deinen Mitmenschen unterscheiden. Gottes Salbung wird dich zehnmal besser als die Welt machen – in deinem Aussehen, deinem Charakter, deiner Fähigkeit, Situationen zu verstehen und gute Entscheidungen zu treffen – und Gott wird alles, was du tust, zu übernatürlichen Ergebnissen führen!

Mein:e Freund:in, du bist nicht für die Welt gemacht. Du bist für die Bestimmung und die guten Werke geschaffen, die Gott für dich und dein Leben vorbereitet hat, noch bevor du deinen ersten Atemzug nahmst. Glaube dem Einen, der dich geschaffen hat, der weiß, was das Beste für dich ist, und der will, dass du in diesem Leben erfolgreich bist.

WERDE AKTIV!

Die Kraft, ein großartiges Leben für den Herrn zu führen, kommt nicht aus unserer Willensstärke oder Entschlossenheit. Sie kommt dadurch, dass wir ihn kennen und seine überschwängliche Gnade empfangen – seine nicht von uns erworbene, unverdiente, leistungsunabhängige Gunst uns gegenüber. Römer 6,14 (NLT) beschreibt es überaus treffend: »Die Sünde ist nicht mehr euer Herr, denn ihr lebt nicht mehr unter den Anforderungen des Gesetzes. Stattdessen lebt ihr in der Freiheit von Gottes Gnade.« **Das bedeutet, je besser du den neuen Bund der Gnade verstehst, desto stärker bist du befähigt, heilig und ganz zu seiner Ehre zu leben.** Je mehr Zeit du dir nimmst, darüber nachzudenken, wie gütig, liebevoll und voller Vergebung der Herr dir gegenüber ist, desto mehr wird das Verlangen nach weltlichen Dingen verblassen.

Nimm dir heute Zeit, über die Momente zu meditieren, in denen du die Freundlichkeit und Güte seiner Gnade in deinem Leben erfahren hast, und halte sie in deinem Tagebuch fest. Danke ihm und lass dir ganz neu von ihm zeigen, was es bedeutet, unter diesem neuen Bund der Gnade zu leben!

LIES:

Daniel 1 | Römer 5,17
Römer 6,14

WER BIN ICH *WIRKLICH*?

TAG VIER

DER RICHTIGE SPIEGEL IST WICHTIG

»Spieglein, Spieglein an der Wand, wer ist die Schönste im ganzen Land?«

Den meisten von uns dürfte diese Zeile aus Walt Disneys Verfilmung des Märchenklassikers »Schneewittchen und die sieben Zwerge« bekannt sein: Schneewittchens böse Stiefmutter – die Königin – ist besessen davon, die schönste Frau der Welt zu sein. Tag für Tag befragt sie hierzu einen verzauberten Spiegel und wartet gespannt auf dessen bestätigende Antwort.

Die Vorstellung, einen sprechenden Spiegel zu haben, der einem auf magische Weise eine Punktzahl auf einer bestimmten Schönheits- oder Perfektionsskala zuordnet, mag zwar wie eine Märchenphantasie klingen, aber hat sie nicht auch eine beunruhigende Ähnlichkeit mit unserer heutigen Gesellschaft?

Wir leben in einer Kultur, die mehr denn je von Äußerlichkeiten und von Selbstdarstellung besessen ist. Eine, die uns ständig vorschreibt, wie »das Traumleben« auszusehen hat, und uns auch gleich noch wissen lässt, wie weit wir diesem Ideal hinterherhinken. Die sozialen Medien und ihre Influencer pflastern unsere Feeds rund um die Uhr mit inszenierter Perfektion zu – geschönte, gefilterte, mit Facetune bearbeitete Momentaufnahmen ihres Lebens. Am Ende bekommen wir nur noch perfektes Aussehen, perfekte Beziehungen, perfekte Ferien, perfekte Latte-Macchiato-Kunst, perfekte Momente und perfektes Leben zu sehen.

Möglicherweise ist es dir noch nicht aufgefallen, aber im realen Leben ist Perfektion ziemlich schwer zu erreichen. Wir denken vielleicht, das wüssten wir, aber diese unwirklichen und unrealistischen Idealbilder auf unseren Bildschirmen dringen dennoch subtil und heimtückisch in unsere Herzen ein und beeinflussen die Art und Weise, wie wir uns selbst und unser Leben sehen. Mit jedem Scroll und jedem Swipe fühlen wir uns kleiner und kleiner und immer weiter von dem entfernt, was als erfolgreiches Leben präsentiert wird. Jeden Tag starren wir in diesen sprechenden Spiegel, der uns sagt, dass wir uns nicht mit anderen messen können. Jeden Tag lassen wir uns die Sichtweise eintrichtern, dass wir nicht erfolgreich genug sind, nicht gut genug aussehen, nicht beliebt genug sind, nicht reich genug sind und nicht genügend erreichen.

Das Problem hier ist folgendes: Sichtweise = Wirklichkeit.

Jesus sagt uns in Matthäus 12,35, dass die Resultate, die man im Leben sieht, auf das zurückzuführen sind, was sich im Herzen befindet. Die Sichtweise, die du in dir trägst, wie auch immer sie aussehen mag, wird sich also auf dein Leben auswirken.

Wir sehen dies an den zehn Kundschaftern aus der Geschichte in 4. Mose 13, die mit einem schlechten Lagebericht aus dem verheißenen Land zurückkamen. Hör dir an, was sie sagten: »Sogar die Riesen … haben wir gesehen. Wir kamen uns neben ihnen **wie**

Heuschrecken vor, und in ihren Augen waren wir das auch« (4Mo 13,33 NLB).

Moment mal – woher wussten sie, dass die Riesen sie wie Heuschrecken sahen?

Gingen diese Kundschafter, die das Land *im Geheimen* auskundschafteten, etwa zu ihnen hin und fragten sie?

Wohl kaum.

Diese Information hatten sie nicht von den Riesen erhalten. Es war ihre als Tatsache dargestellte Meinung über sich selbst.

Die traurige Wahrheit sah völlig anders aus. Diese Riesen haben sich die ganze Zeit über vor den Israeliten *entsetzlich gefürchtet*, weil sie erfahren hatten, wie mächtig deren Gott war (Jos 2,9–11). Aber die Wahrheit spielte keine Rolle, denn die Wirklichkeit dieser zehn Kundschafter wurde von ihrer Sichtweise bestimmt. Sie sahen sich selbst als klein, hilflos und weit davon entfernt, jemals das verheißene Land zu besitzen – und so verlief dann auch ihr weiteres Leben. Sie haben das Land nie als Erbe in Besitz genommen.

Freund:in, mehr als das Bild, das du im Spiegel siehst, zählt das Bild, das du im Inneren – in deinem Herzen – siehst. Es bestimmt, wie du von dir denkst, wie du auf unerwartete Situationen reagierst, wie zuversichtlich du dich deinen Herausforderungen stellst und letztendlich, wie weit du im Leben kommst.

Auch wenn soziale Medien uns durchaus helfen können, informiert und vernetzt zu bleiben, so möchte Gott doch nicht, dass wir jeden Tag in einen verzerrten Spiegel blicken und uns von diesem sagen lassen, was wir über uns selbst denken sollen. Er möchte ihn durch einen anderen Spiegel ersetzen – den zu 100 Prozent wahrheitsgetreuen und unveränderlichen Spiegel seines Wortes.

Er hat sein Wort nämlich mit Bildern gefüllt, die dir zeigen, wer du wirklich bist:

- Wenn du dich bisher als jemanden gesehen hast, der ständig nur knapp über die Runden kommt, gibt dir Jeremia 17,8 (NLB) ein Bild von dir als »**Baum, der am Ufer gepflanzt ist**. Seine Wurzeln sind tief im Bachbett verankert: Selbst in glühender Hitze und monatelanger Trockenheit bleiben seine Blätter grün. Jahr für Jahr trägt er reichlich Frucht«.

- Wenn du dich selbst als unbedeutend und ungeeignet siehst, als jemanden, der nichts zu bieten hat, zeigt dir Richter 6,12 (NLB), wie Gott dich sieht – **als tapferen Helden bzw. tapfere Heldin**.

- Wenn du dich als nicht hübsch genug oder nicht gutaussehend empfindest, dann verrät dir das Hohelied Salomos 4,7 (NLB) Gottes Meinung über dich: »Du bist **so schön** …, so makellos.«

- Wenn du dich selbst als ungewollt betrachtest, als jemanden, der nie von einem anderen geliebt werden wird, zeigt dir Psalm 88,19 (EÜ), wie **Jesus den Fluch der Ablehnung ertrug, allein, ohne Freunde und Vertraute**, damit du durch den göttlichen Austausch, der am Kreuz stattfand, die Zusage hast, **nie mehr allein sein zu müssen**.

Freund:in, je öfter du diese Bilder betrachtest, die die Wahrheit widerspiegeln, desto stärker werden sie in dein Herz eindringen und deine Wirklichkeit verändern.

Die Menschen der Welt versuchen, ihre Realitäten zu verändern, indem sie äußerlich alles tun, um sich selbst besser zu fühlen – neues Workout, neue Diät, jede Menge neue Klamotten, Gadgets oder sonstige Dinge shoppen –, und doch können ihre tiefsitzenden Sichtweisen dieselben bleiben. Und so erleben sie, traurig aber wahr, nicht die Veränderungen, die sie sich erhoffen.

Bei uns als Kinder Gottes kommt unser Vater direkt zum Kern der Sache und verändert unsere Realität von innen heraus. Er schenkt uns kraftvolle Glaubensbilder, die unsere Sichtweise und unser Leben verändern. Und weißt du was? Er tut noch mehr.

Neben überzeugenden Glaubensbildern offenbart uns sein Wort die *Grundlage*, auf der wir diese besitzen können. Hinter jedem Bild, hinter jedem Detail, hinter jedem Wort in der Bibel verbirgt sich **die Schönheit und Gnade unseres Erlösers, der uns mit sich vereint und uns alles zugänglich gemacht hat, was er ist und was er hat** (Röm 8,17). Wenn wir die Bibel öffnen und vor allem Jesus sehen, ist es, als blickten wir in einen Spiegel, in dem sich widerspiegelt, wer wir in ihm sind. Wir stellen fest, dass wir vollständig und untrennbar eins mit ihm sind, und wir sehen alles, was er hat, unwiderruflich über unser Leben gestülpt. In diesen Momenten, in denen wir uns im Staunen über seine Herrlichkeit und Großartigkeit verlieren, werden wir unweigerlich in sein Bild verwandelt und werden ihm immer ähnlicher (2Kor 3,18)!

Also, mein:e Freund:in, wirst du heute Gottes Wort als deinen Spiegel in die Hand nehmen und dein Herz davon überzeugen lassen, dass du bist, als was Gott dich bezeichnet, und dass du hast, was er dein Eigentum nennt? Auf diese Weise richtest du deine Sichtweise an seiner aus und erlebst, wie dein Leben sich ändert!

WERDE AKTIV!

Lass uns heute was richtig Krasses ausprobieren. Mach eine Pause von deinem Smartphone und deinem Social-Media-Feed und verbringe den ganzen Tag mit dem Herrn. Geh nach draußen, mach im Park einen Spaziergang mit ihm, docke von der digitalen Welt ab. Bitte ihn, dir die Bereiche in deinem Leben zu zeigen, in denen du ein unzutreffendes Bild oder eine ungesunde Meinung von dir und über dich selbst entwickelt hast. Dabei kann es um dein Aussehen, deine Beziehungen zu anderen Leuten oder auch um deine Berufswünsche oder Zukunftsvorstellungen gehen.

Schreib alles auf und fang an, in der Bibel nach Bildern Ausschau zu halten, mit denen du solche Gedanken und Vorstellungen ersetzen kannst.

LIES:

4. Mose 13,33 | 2. Korinther 3,18

←Tauche tiefer in die heutige Wahrheit ein!

TAG FÜNF

BEKOMME DIE GEFÜHLE IN GRIFF

»Hör mal auf, so emotional zu sein.«

»Du denkst viel zu viel nach!«

»Mach doch nicht immer so ein Drama um deine Gefühle!«

Bekommst du von Leuten solche Sätze zu hören? Sagt man dir, du seist viel zu emotional und ließest dich ständig von deinen Gefühlen überwältigen?

Nun, auch der Prophet Elia hatte den Ruf, emotional zu sein. Jakobus 5,17 (ELB) sagt uns: »Elia war ein Mensch von gleichen Empfindungen wie wir.« Macht es nicht Mut zu wissen, dass dieser große Mann Gottes für die Höhen und Tiefen des Lebens genauso empfänglich war wie du und ich? Ja, manchmal konnte er voller Eifer und Leidenschaft für den Herrn sein, aber wenn die Dinge nicht nach seinen Vorstellungen verliefen, konnte er auch komplett umschwenken und tief in Entmutigung, Enttäuschung und sogar Depressionen versinken.

Wenn Elia eine Erfolgsserie hatte, war er ein Mann mit ernstzunehmender Schlagkraft. Vielleicht hast du Geschichten über einige seiner größten Heldentaten gehört. Einmal verhängte er eine dreieinhalbjährige Dürre über das Land als Urteil gegen einen starrsinnigen König. Ein anderes Mal lieferte er sich mit 450 Propheten des heidnischen Gottes Baal auf dem Berg Karmel ein gnadenloses Kräftemessen, bei dem er Feuer vom Himmel herabrief, das ganz Israel bewies, wer der einzig wahre Gott war.

Vielleicht denkst du jetzt: *Elias Story klingt ja noch unwirklicher als Kalebs.*

Doch die Bibel nimmt uns hinter die Kulissen im Leben dieses großen Propheten mit und zeigt uns, dass seine Tiefs genauso extrem waren wie seine Hochphasen.

Unmittelbar nach seinem großen Triumph auf dem Berg Karmel sehen wir zu unserer Überraschung und zu seinem Verdruss, wie Elia völlig verängstigt davonläuft. Was war geschehen? Königin Isebel, die Baal anbetete und ihre Propheten besiegt sah, war nach diesen Geschehnissen wütend auf Elia und schwor, ihn zu töten. Plötzlich war es, als hätte Elia all seinen Glauben und sein ganzes Vertrauen verloren, und er rannte um sein Leben.

Wie kommt es, dass wir wie Elia in einem Moment so voller Glaube und im nächsten Moment so voller Angst sein können? Was ist mit uns Menschen nur los, dass wir von dem, was um uns herum geschieht, so schnell und so gründlich aus der Ruhe gebracht werden? Warum werden wir so sehr vom Auf und Ab unserer Gefühle und Emotionen beeinflusst? Wieso landen wir so leicht im Tal der Traurigkeit, Melancholie und Verzweiflung?

Unabhängig davon, ob eine klinische Diagnose gestellt und Medikamente verschrieben werden oder nicht, wir sind Menschen und deshalb anfällig für Depressionen und Gefühlsstörungen. Diese können schnell und plötzlich auftreten – wenn etwas unsere Beziehungen, unsere Familie oder auch unser Ansehen bedroht. Sie können uns völlig aus der Bahn werfen und unfähig machen, die Flut von Emotionen und negativen Gedanken zu kontrollieren.

Die Bibel sagt uns, dass Elia nach der Drohung von Isebel so sehr von Angst und Entmutigung überwältigt war, dass er den Herrn bat, er solle ihn sterben lassen. Er rief aus: »Ich habe genug, Herr. Nimm mein Leben, denn ich bin nicht besser als meine Vorfahren« (1Kö 19,4 NLB).

Warst du schon mal an diesem Punkt? Da, wo Elia stand, am Rande der völligen Verzweiflung, mit dem Wunsch, der Herr möge dem Ganzen ein Ende setzen? Oder vielleicht denkst du sogar jetzt, in diesem Moment daran, dir etwas anzutun, und fragst dich, ob das überhaupt jemanden interessiert.

Wenn du gerade eine depressive Phase durchmachst, sollst du wissen, dass **der Herr sich für dich interessiert**. Er weiß genau, was du gerade durchmachst. Er kennt jeden geheimen Kampf, der dich in der Abgeschiedenheit deines Zimmers oder deiner Wohnung in ein tiefes Loch fallen lässt. Er kennt die Ängste und Befürchtungen, die dir nachts den Schlaf rauben. Er weiß, wie zutiefst düster deine Gedanken sind, die du nicht einmal mit deinem engsten Freund zu teilen wagst. **Er weiß das alles, und er liebt dich dennoch.**

Freund:in, inmitten all dessen, was du gerade durchmachst, kommt der Herr ganz nah zu dir. Er wird dich nicht als für ihn nutzlos fallenlassen. Er wird dich nicht beiseiteschieben, weil dein Leben kein gutes Zeugnis darstellt. Nein, ganz im Gegenteil. An deinem schlimmsten Tag, dann, wenn du ganz unten bist, kommt er zu dir und bringt dich wieder ins Leben zurück und macht dich gesund. Genau wie er es für Elia getan hat.

In der Zeit, als Elias Glaube stark war, schickte Gott Versorgung und Nahrung durch Menschen und Dinge zu ihm. Einmal sandte er Raben, die Elia Nahrung brachten. Ein anderes Mal schickte er eine Frau, die ihn mit Brot versorgte (1Kö 17,2–16). Aber dann, als Elia depressiv wurde, als er weglief und sich in der Einsamkeit versteckte, **besuchte ihn der Herr selbst, um ihn mit Nahrung zu stärken und zu ermutigen** (1Kö 19,5–8). Welch ein schönes Bild der Freundlichkeit und Gnade des Herrn uns gegenüber – nie ist seine liebevolle Gegenwart und sein Versprechen, uns nie zu verlassen, realer als in den Momenten, in denen sich die Verletzlichkeit und Gebrochenheit unseres menschlichen Wesens deutlich zeigen.

Wirst du inmitten deiner Mutlosigkeit, in den Momenten deiner Verzweiflung zulassen, dass das Bewusstsein seiner Gegenwart dein Herz erfüllt? Wirst du ihm erlauben, jede Angst verschwinden zu lassen und jede Bedrückung von dir zu nehmen? Es gibt ein Lied in der Bibel, in dem der Psalmist gleich zu Beginn die Realität der Gegenwart Gottes mit diesen wunderschönen Worten beschreibt:

> *Der Herr ist mein Licht und mein Heil –*
> ***vor wem sollte ich mich fürchten**?*
> *Der Herr beschützt mich vor Gefahr –*
> ***vor wem sollte ich erschrecken**? — Psalm 27,1* NLB

Er beendet das Lied in den letzten zwei Versen mit dieser kraftvollen Ermutigung:

Doch ich vertraue fest darauf,
dass ich noch sehen werde,
wie gut Gott ist, solange ich lebe.
Vertraue auf den Herrn!
Sei mutig und tapfer
und hoffe geduldig auf den Herrn! — Psalm 27,13–14 NLB

Tu einfach genau das – hoffe geduldig auf den Herrn und erlaube ihm, dich zu stärken und dir Mut zu geben. Ich bete, dass auch du nicht mutlos werden oder aufgeben wirst, sondern fest darauf vertraust, dass du Gottes ganze Güte in deinem Leben erfahren wirst.

WERDE AKTIV!

Ein gesegnetes Gefühlsleben lässt sich auf einfache und praktische Weise erreichen, indem man den Herrn mit einbezieht. In Sprüche 3,6 (MSG) heißt es: »Erkenne, würdige und beachte ihn auf all deinen Wegen, und er wird deine Wege gerade und eben machen [Hindernisse beseitigen, die dir den Weg versperren].« Wie würdigst und beachtest du den Herrn, wenn es um deine Gefühle geht?

Lass ihn die erste Person sein, mit der du sie teilst! Anstatt sofort zu deinem besten Freund, deinem Lieblingsmenschen oder deiner bevorzugten Chatgruppe zu gehen, geh zu Jesus. Gewöhne dir an, immer wenn etwas Gutes geschieht, dich kurz zurückzuziehen, um dem Herrn davon zu erzählen und ihm dafür zu danken. Mach es auch im umgekehrten Fall so, wenn Dinge passieren, die alles andere als gut sind. Nimm dir die Zeit, ihm davon zu erzählen und darüber zu beten.

Wenn du eine depressive Phase durchmachst, sollst du wissen, dass du nicht allein bist. Gott will, dass du das weißt. Er wird dich nicht nur niemals verlassen, sondern er hat zudem die Kirche geschaffen, die ihn verkörpert und durch die er seine Hände in Liebe und Unterstützung nach dir ausstrecken kann. Ich möchte dich ermutigen, nach diesen Händen zu greifen und mit deinem Pastor, deiner Pastorin, deinem Leiter, deiner Leiterin oder den Seelsorger:innen deiner Gemeinde darüber zu sprechen, was du gerade durchmachst.

LIES:

1. Könige 18,20–45 | 1. Könige 19,1–10 | Psalm 27

DANKE!

GACKER, GACKER, GACKER.

TAG SECHS

JAMMERN BRINGT DICH NICHT WEITER

Wenn wir schmerzliche Phasen oder Situationen in unserem Leben durchmachen, kann es leicht passieren, dass wir als erste Reaktion um uns schlagen, indem wir uns beklagen und alles und jeden um uns herum für unser Elend verantwortlich machen.

Es ist nun mal so, dass wir zum Jammern neigen, sobald wir leiden!

Das Volk Israel in der Wüste war nicht anders. Die Israeliten waren Mose, dem von Gott ernannten Anführer, in Richtung eines sogenannten verheißenen Landes gefolgt, das angeblich fruchtbar und wohlhabend war. Aber die Realität, mit der sie jeden Tag konfrontiert waren, sah anders aus – Kilometer für Kilometer knochentrockene, öde Wüstenlandschaft. Sie waren müde, durstig und ausgehungert von ihrer endlosen Reise. Und so fingen sie an, sich zu beklagen … und sie hörten nicht mehr damit auf.

Sie beschwerten sich, weil sie hungrig waren. Sie beschwerten sich, weil sie Durst hatten. Als Gott ihnen daraufhin Nahrung vom

Himmel schickte, dankten sie ihm dafür mit dem Vorwurf, er habe nicht genügend Proteine für ihre Ernährungsbedürfnisse berücksichtigt (4Mo 11,4)! Sie beklagten sich sogar, weil er sie nicht in Ägypten hatte sterben lassen. Sie jammerten, dass das, was sie durchmachten, schlimmer sei als ihr Leben in der Sklaverei. Sie beschwerten sich bei Mose. Sie klagten bei ihren Nachbarn. Sie jammerten so viel, dass sie am Ende im Kreis umherirrten und nicht in das gelobte Land gelangen konnten (4Mo 14,27–30).

Bevor wir jetzt anfangen, diese schrecklichen, undankbaren Menschen kopfschüttelnd zu verurteilen, sollten wir uns die Frage stellen, ob wir nicht alle schon mal einen Tweet oder den einen oder anderen Kommentar losgelassen haben, weil wir eine schwere Zeit durchmachten? Haben wir nicht alle schon mal bei einem Freund oder in einem Feed-Beitrag Dampf abgelassen? Wer von uns hat noch nicht zumindest in der Privatsphäre des eigenen Zuhauses seine ungefilterte Meinung und aufgestaute Frustration rausgelassen?

Freund:in, zwar haben wir alle Momente des Zorns und der Verzweiflung und brechen dann vielleicht in eine Klagetirade aus, aber Gott will nicht, dass sie zum Dauerzustand wird.

In 1. Chronik 4,9–10 gibt uns die Bibel einen kurzen Bericht über einen Mann namens Jabez. Er war ein Mann, der mit Schmerzen vertraut war, so sehr, dass sein Name wörtlich »Schmerz« oder »Leid« bedeutet. Seine Mutter gab ihm diesen Namen wegen der extremen Wehen, die sie ertragen musste, als sie ihn zur Welt brachte. Jabez' Name war Programm: Er lebte sein Leben in einem Kreislauf von verursachtem und erfahrenem Leid und Schmerz. Es war eine miserable Existenz. Wenn jemand das Recht gehabt hätte, sich über sein Schicksal zu beklagen, dann er.

Aber das war es nicht, was Jabez tat. Anstatt sich zu beschweren oder sich über das Leben, seine Familie, seine Situation oder Gott zu ärgern, tat Jabez etwas völlig Unerwartetes. Etwas, das der menschlichen Natur und der Kultur um ihn herum zuwiderlief. Etwas so Einfaches und doch so Wirkungsvolles.

Er bat den Herrn, ihn zu segnen.

Er bat den Herrn, den Kreislauf des Leidens mit seiner segnenden Hand zu durchbrechen. Entgegen aller Vernunft und Logik und unter Nichtbeachtung der natürlichen Beschränkungen in seiner Lage bat Jabez den Herrn, alles zu ändern, worüber er in seinem Leben unglücklich war. Sieh dir an, was er betete:

> *»**Segne mich** doch und **erweitere mein Gebiet**! **Sei bei mir** in allem, was ich tue, und **bewahre mich vor allem Kummer und Schmerz**!« – 1. Chronik 4,10* NLB

Bäm! Wow.

Wie, glaubst du, hat Gott auf den mutigen Glauben von Jabez reagiert? Denkst du, er sagte: »Komm schon, Jabez, sei mal ein bisschen realistisch«? Nein, sowas hätten vielleicht du oder ich gesagt. Aber nicht Gott. **Gott liebt mutigen Glauben.** Weißt du, er gibt so gerne und deshalb wartet er nur darauf, denjenigen mit seiner Güte zu überschütten, der ihn einfach darum bittet. Wie reagierte er auf Jabez' spontane, mutige Bitte? Er gewährte ihm alles, worum er gebeten hatte! Er lobte Jabez sogar und nannte ihn »lobenswerter« als alle seine Brüder.

Freund:in, die Wahrheit ist, so therapeutisch sich Klagen auch anfühlen mag, es bringt einen nicht weiter. Tatsächlich bedeutet das hebräische Wort für *klagen* wörtlich »über Nacht bleiben«.[1] Nun sag mir, warum würdest du so etwas wollen? Warum würdest du eine Nacht länger in Schmerz, Trauer und Elend bleiben wollen?

Sei nicht wie das Volk Israel in der Wüste, das so sehr damit beschäftigt war, sich zu beklagen und aufzuregen, dass es seinen großherzigen, wundertätigen Gott nicht sehen konnte, der die ganze Zeit bei ihnen war und darauf wartete, dass sie sich an ihn wenden würden. Anstatt die Nase voll zu haben und dich von deiner Situation frustrieren zu lassen, kannst du als Kind Gottes etwas dagegen tun – du kannst deinen Papa-Gott um die nötige Veränderung bitten. Er ist mehr als bereit und in der Lage, sie dir zu geben!

Wirst du das nächste Mal, wenn du eine schwierige Zeit oder eine schmerzliche Herausforderung erlebst, wie Jabez sein? Trau dich, anders zu sein, lehne dich an das Herz deines guten Vaters und bitte ihn um GROSSES!

1. OT: 3885, James Strong, Biblesoft's New Exhaustive Strongs Numbers and Concordance of the Bible with Expanded Greek-Hebrew Dictionary. Copyright © 1994, 2003, 2006 Biblesoft, Inc. and International Bible Translators, Inc.

BLEIB KEINE NACHT LÄNGER.

WERDE AKTIV!

In welchen Bereichen deines Lebens gerätst du immer wieder in einen Kreislauf von Schmerz, Frustration oder Unzufriedenheit? Frag dich nun, was du über diese Bereiche deines Lebens zu den Menschen um dich herum oder zu dir selbst gesagt hast.

Weil man manchmal ganz unbewusst in den Beschwerdemodus schaltet, kann es hilfreich sein, wenn du einen engen Freund oder eine enge Freundin fragst, ob ihm bzw. ihr aufgefallen ist, dass du dich über bestimmte Dinge in deinem Leben beschwerst, und falls ja, was du in solchen Momenten meist sagst.

Und nun gewöhne dir an, das zu tun, was Jabez getan hat. Anstatt zu jammern und eine weitere Nacht in dieser Situation zu bleiben, bitte den Herrn, diesen Kreislauf der Niederlage mit seiner segnenden Hand zu durchbrechen. Bitte ihn, die Situation zu verändern. Bitte ihn, dich zu verändern, falls nötig. Wenn du das tust, lädst du ihn – seine Kraft und seine Weisheit – in diesen Bereich deines Lebens ein, damit er die benötigte Wende herbeiführt.

LIES:

1. Chronik 4,9–10

TAG SIEBEN

SÜCHTIG NACH »LIKES«

Wir alle mögen es, gemocht zu werden. Wir mögen es, wenn Menschen gute Dinge über uns sagen. Wir mögen all die positiven Emojis 👍 🙌 👌 🤩 🔥, die Freunde zu unseren Postings hinterlassen. Wir mögen es besonders, wenn diese Zustimmung von jemandem kommt, von dem wir wahrgenommen werden wollen, wie von unserem Chef, unserem Mentor oder unseren Lieblingsmenschen. Kaum etwas anderes gibt uns diesen Kick, den wir bekommen, wenn wir wissen, dass wir gesehen, geschätzt und gefeiert werden.

Es ist zwar toll, Bestätigung zu erhalten, und sie kann uns ermutigen und unserem Leben einen Schub geben, aber **unser Bedürfnis danach kann zum Problem werden, wenn wir uns abgelehnt, minderwertig und verunsichert fühlen, sobald unsere Erwartungen nicht erfüllt werden.** Es wird zum Problem, wenn es von einem Daumen-hoch-Emoji 👍 oder einem »Gut gemacht!« abhängt, ob wir ein emotionales Hoch oder Tief erleben! Es wird zum Problem, wenn wir schließlich nur noch für Instagram leben, weil wir von der Frage besessen sind, was die Leute über uns denken. Es wird zum Problem, wenn wir darauf zu achten beginnen, welche unserer

Postings die meisten »Likes« bekommen, damit wir unseren Lebensstil passend zu dem inszenieren können, was andere sehen wollen.

Auch wenn die Abhängigkeit von »Likes« in den sozialen Medien am offensichtlichsten ist, kann sie jeden Bereich unseres Lebens durchdringen und beeinflussen.

Viele von uns kennen das Gefühl, vollen Einsatz zu zeigen – sei es schulisch, beruflich oder in unseren Freundschaften und Beziehungen –, um dann feststellen zu müssen, dass selbst unsere besten Bemühungen scheinbar ignoriert werden. Am Ende sind wir von Selbstzweifeln und Unsicherheit überwältigt. Unsere Gedanken laufen auf Hochtouren und überfluten unseren Verstand mit der Angst, Menschen enttäuscht zu haben, mit der Sorge, was sie womöglich über uns denken oder sagen, und mit Plänen, wie wir ihre Gunst zurückgewinnen können. Getrieben von unserem unersättlichen Bedürfnis nach Bestätigung setzen wir unsere Masken auf – wir spielen den umgänglichen Kumpel oder das nette Mädchen, geben vor, lustiger, klüger, sympathischer, fleißiger zu sein –, und das alles in dem Bestreben, eine Dosis Bestätigung zu kriegen und uns besser zu fühlen.

Es gibt allerdings ein Problem, wenn man die Meinungen anderer Menschen fürchtet: **Es ist eine Falle.**

Sprüche 29,25 (NLB) sagt uns: »Die Menschen zu fürchten ist eine gefährliche Falle.« **Wie eine Sucht hält uns die Gier nach menschlicher Zustimmung in einem Zustand des Kompromisses gefangen, in dem wir alles tun werden, um diese Gier zu befriedigen.** Anstatt uns also von der Stimme des Herrn leiten zu lassen, des Einen, der uns erschaffen hat und für den wir geschaffen wurden, lassen wir uns letztendlich von den Stimmen der Unsicherheit und Angst gängeln, die uns ständig sagen, wie wir den

Schein wahren oder überhaupt erst einmal unser Aussehen, unser Verhalten und unsere Art zu sprechen ändern müssen, um anderen zu gefallen.

Wusstest du, dass es in der Bibel jemanden gibt, der hardcoremäßig süchtig nach »Likes« war? Sein Name war Saul, besser bekannt als König Saul, der erste König Israels.

Saul war zu 100 Prozent Influencer-Material. Die Bibel sagt zum Zeitpunkt, als er zum König gesalbt wurde, Folgendes über ihn: »Im ganzen Land sah niemand so gut aus wie er. Saul war stattlich und kräftig gebaut und einen Kopf größer als alle anderen Israeliten« (1Sam 9,2 HFA). Saul sah nicht nur gut aus, sondern er bewies sich nach seiner Ernennung zum König auch in zahlreichen Schlachten gegen die Feinde Israels und ging als Sieger hervor, was ihm eine Gefolgschaft loyaler Männer einbrachte. Viele Jahre lang herrschte Saul erfolgreich über Israel und das Volk liebte ihn.

Aber Saul hatte ein Problem. Er wollte, dass ihn alle für den coolsten Typen der Welt hielten. Wirklich jeder. Überall. Zu jeder Zeit. Er wollte die Anerkennung der anderen so sehr, dass er anfing, sein Leben und seinen Führungsstil an ihren Meinungen auszurichten.

Zuerst war diese Schwachstelle nicht offensichtlich (das ist eine Sucht nach »Likes« selten). Doch das änderte sich schlagartig, als David, der Neue, auf der Bildfläche erschien. Saul kochte innerlich vor Wut, als die Leute anfingen, Lieder darüber zu singen, dass er nur 1000 Feinde getötet habe, im Vergleich zu David, der 10.000 getötet hatte. Das war ungefähr so, als hätten die Leute David dafür gefeiert, dass er zehnmal mehr »Likes« hatte als Saul! Saul wurde so wütend, eifersüchtig und paranoid, dass er David zu seinem Feind erklärte und versuchte, ihn mit einem Speer an die Wand zu spießen!

Neid und Bitterkeit waren die Begleiterscheinungen von Sauls Sucht nach »Likes«. Aber das eigentliche Problem zeigte sich erst, als Saul eine Wahl treffen musste zwischen dem, was Gott wollte, und dem, was das Volk, dessen »Likes« er so schätzte, wollte.

Dreimal darfst du raten, auf wen Saul schließlich hörte.

In 1. Samuel 15 sehen wir, wie der Herr Saul befahl, gegen die Amalekiter, langjährige Feinde und Unterdrücker Israels, vorzugehen. Er versprach Saul, dass Israel siegen würde, und sagte ihm, er müsse die Amalekiter und all ihren Besitz nur *vollständig* vernichten. Aber das Volk Israel hatte andere Vorstellungen. Sauls Sucht nach Zustimmung zeigte Wirkung; er knickte ein und beugte sich dem, was sie forderten. Er ließ den König der Amalekiter am Leben und erlaubte dem Volk, die Beute, Schafe, Ochsen und die besten Stücke von dem mitzunehmen, was hätte vernichtet werden sollen. Warum? Saul sagt es später selbst: »Ich hatte Angst vor dem Volk und tat, was es verlangte« (1Sam 15,24 NLB). Das Tragische daran ist: Was Saul nicht wie gefordert zerstören wollte, zerstörte schließlich ihn. Am Ende war es ein Amalekiter, der ihn viele Jahre später im Kampf tötete.

Was ist nun mit David, dem Riesentöter, der zum König wurde, weil Gott ihn an Sauls Stelle dazu salbte?

Eigentlich waren sich David und Saul in vielerlei Hinsicht ähnlich. Die Bibel beschreibt sie beide als gut aussehende, mächtige Kriegerkönige, die vom Volk geliebt wurden. Sie waren beide von Gott gesalbt und hatten die Gegenwart des Herrn bei sich. Doch ihr Leben nahm völlig unterschiedliche Verläufe und das Erbe, das sie jeweils hinterließen, unterschied sich sehr stark voneinander. Heute trägt die Flagge Israels den Davidstern, während der Name Sauls in Schande untergegangen ist.

Was ist passiert?

Im Gegensatz zu Saul **waren David diese Dinge nicht wichtig. Die Zustimmung und Anerkennung von anderen konnten ihm deshalb nicht zur Falle werden.**

Wir sehen dies am deutlichsten bei einem Zusammenstoß, den David mit demselben Feind hatte, der Saul später zu Fall brachte – den Amalekitern. Eines Tages, als David und seine Armee ihr Lager in Ziklag unbeaufsichtigt verließen, überfielen die Amalekiter es, stahlen all ihre Habseligkeiten und nahmen Frauen und Kinder gefangen. Kannst du den Unterschied zwischen Davids Situation und der Situation Sauls erkennen? Während Saul derjenige war, der die Amalekiter auf Gottes Anordnung hin angriff und die Schlacht gewann, war David derjenige, der von den Amalekitern angegriffen wurde, und es sah so aus, als hätte er soeben verloren. Mit der Trauer, seine Familie verloren zu haben, und mit dem Druck der wütenden Männer in seiner eigenen Armee, die ihn steinigen wollten, hätte David leicht nachgeben und den Weg des geringsten Widerstandes einschlagen können, indem er sich dem anschloss, was seine Männer für das Beste hielten.

Doch das hat David nicht getan.

In 1. Samuel 30 erfahren wir, wie David sich im Herrn stärkte und dann **den Herrn um seine Meinung darüber bat**, ob sie die Amalekiter verfolgen sollten oder nicht. Erst mit dem Segen des Herrn jagte David den Angreifern nach und griff sie seinerseits an. Er holte alles zurück, was er und seine Männer verloren hatten, und gewann noch viel mehr dazu!

Was also war es, das David so deutlich von Saul unterschied? Was machte ihn immun gegen die Sucht nach »Likes«?

Wir finden die Antwort in 1. Chronik 28,4 (NLB), wo David seine Anfänge mit dem Herrn schildert. Er sagt: »Doch der Herr, der Gott Israels, hat mich aus der Familie meines Vaters erwählt und für alle Zeiten zum König über Israel eingesetzt. … Und von den Söhnen meines Vaters hat der Herr **an mir Gefallen gefunden** und mich zum König über ganz Israel gemacht.«

Hast du das mitbekommen? David hatte bereits das wichtigste »Like« überhaupt bekommen, das vom Herrn. Es war ihm egal, was andere über ihn dachten – denn er wusste bereits, was *der Herr* über ihn dachte! Er wusste tief in seinem Inneren, dass Gott ihn nicht nur liebte, sondern ihn auch mochte. Für David war dies nicht nur ein netter Gedanke. Vielmehr war sein Bewusstsein davon erfüllt, und deshalb lebte er mit einem starken Gefühl der ständigen Gegenwart des Herrn und dessen Freude über ihn. In Psalm 16,8 (GNB) sprach David über die unerschütterliche Sicherheit, die ihm die Zustimmung des Herrn brachte: »Er ist mir nahe, das ist mir immer bewusst. Er steht mir zur Seite, ich fühle mich ganz sicher.«

Von diesem einen »Like« des Herrn würde Davids Leben immer bestimmt sein. Während all seiner Höhen und Tiefen – ob er auf dem Höhepunkt seiner Herrschaft über ein blühendes Israel war oder ob die Nation sich in Aufruhr und Rebellion befand – stützte er sich stark auf die Meinung des Herrn über ihn. Er verließ sich auf seine Führung und seine Stimme und ließ sich von beidem durchs Leben leiten. Infolgedessen lebte David ein langes Leben und diente »seiner Generation nach dem Willen Gottes« (Apg 13,36 NLB).

Freund:in, das ist die Art von Leben, von der Gott möchte, dass auch du sie erfährst – ein Leben der emotionalen Stabilität und Sicherheit, in dem du permanent von dem Einen bestätigt und geführt wirst, der dich liebt und auch mag und der die besten

Entscheidungen für dich zu treffen weiß. Wirst du wie David zulassen, dass die gute Meinung des Herrn über dich dein Leben bestimmt und die Meinung aller anderen, sogar deine eigene, übertrumpft?

Diese Art von Sicherheit im Herrn lässt sich mit einer einfachen Gleichung darstellen:

Sicherheit im Herrn = Was der Herr über mich sagt > Was Leute über mich sagen + Was ich über mich selbst denke

Das Beste an all dem ist, dass du niemals kämpfen oder etwas tun musst, um dir Gottes gute Meinung über dich zu verdienen, denn du hast sie bereits. Sie ist Teil deines Erbes! Epheser 1,6 (ELB) sagt uns, dass er uns in seiner Gnade »angenehm gemacht hat in dem Geliebten«. So wie Jesus vom Vater angenommen und gutgeheißen wurde, bevor er auch nur ein einziges Wunder in seinem irdischen Dienst getan hatte, so werden wir heute bedingungslos geliebt und gutgeheißen, noch bevor wir irgendeinen Versuch unternehmen, uns dieses Wohlwollen zu verdienen. Über Jesus sagte der Vater: »Dies ist mein geliebter Sohn, an ihm habe ich große Freude!« (Mt 3,17 NLB). Höre, wie dein Vater das heute auch über dich sagt: **»Dies ist mein geliebtes Kind. Ich habe große Freude an meinem Kind!«**

Dies ist der ultimative »Like«, den dein himmlischer Vater dir heute mit auf den Weg geben möchte!

WERDE AKTIV!

Es ist sehr wichtig für dich, täglich daran erinnert zu werden, wie sehr der Herr dich liebt und mag. Du könntest zum Beispiel eine tägliche Erinnerung an Matthäus 3,17 einrichten oder das Hintergrundbild auf deinem Computer oder Handy ändern, um diese Botschaft der Anerkennung und Zustimmung immer wieder vor Augen zu haben. Wir haben einige Hintergrundbilder entworfen, die du unter **JosephPrince.de/berg/material** herunterladen kannst. Oder werde kreativ und lass dir etwas Eigenes einfallen!

Jeden Tag, wenn du deinen himmlischen Vater die Worte von Matthäus 3,17 über dich sagen hörst, solltest du etwas Zeit investieren und dir seiner Freude über dich wirklich bewusst werden. Das wird dir das Selbstvertrauen und die Sicherheit geben, hinauszugehen und der Champion im Leben zu sein, zu dem er dich bestimmt hat!

LIES:

1. Samuel 15 | 1. Samuel 30
Matthäus 3,13–17

← *Das hier willst du garantiert nicht verpassen.*

BASE CAMP 3

×

LERNE, WIE DU *EIN LEBEN IM GLAUBEN* PRAKTISCH UMSETZEN KANNST UND WIE DU GOTTES ZUSAGEN FÜR DEIN LEBEN IN ANSPRUCH NIMMST.

WO IST DIE ROLLTREPPE?

TAG EINS

GEH IM GLAUBEN VORWÄRTS

Wenn man einen Berg bezwingen will, muss man eines wissen: Es ist selten eine schnell erledigte Angelegenheit. Es ist mit ganz schön viel Anstrengung verbunden und erfordert unzählige Schritte, die beim Aufstieg von der Basis zum Gipfel Stunden in Tage übergehen lassen.

Du kannst jeden Outdoor-Junkie oder jeden anderen fragen, der schon mal Wanderungen oder längere Touren unternommen hat. Es sind nicht nur die tollen Selfies am Rande spektakulärer Klippen oder tiefer Schluchten, sondern es ist die Reise selbst, die das Erreichen des Ziels umso befriedigender macht. Ja, sie mag reichlich Herausforderungen und Schwierigkeiten mit sich bringen – Hindernisse sind zu meistern, raues Wetter zu ertragen, unwegsames Gelände zu bewältigen –, aber jeder Schritt wird mit klarem Ziel, fester Absicht und Entschlossenheit unternommen und lässt alle Trägheit, Schwere und Müdigkeit überwinden.

Wie können wir unser Ziel mit gleichbleibender Entschlossenheit weiterverfolgen, vor allem dann, wenn das Ziel an den Berghängen unseres eigenen Lebens kurzzeitig aus dem Blickfeld gerät? Wie können wir weiterhin Boden gutmachen und Fortschritte in Richtung dieser Träume und Zusagen machen, die Gott in unser Herz gelegt hat?

In Josua 1,3 begegnet Gott Josua, dem neuen Anführer Israels, am Ufer des Jordans, während das Volk letzte Vorbereitungen trifft, um das verheißene Land zu betreten. Hier gibt er Josua eine kraftvolle Erkenntnis hinsichtlich der Einnahme des Landes. Er sagt: **»Jeden Ort, auf den eure Fußsohlen treten, habe ich euch gegeben.«**

Diese Aussage des Herrn ist sehr interessant, weil sie eine doppelte Bedeutung hat.

Zunächst einmal war es eine persönliche Ermutigung für Josua, die ihn daran erinnerte, dass die Schlacht bereits gewonnen war und das Land längst ihnen gehörte, auch wenn sie es noch nicht mit eigenen Augen gesehen und noch keine Anstrengungen unternommen hatten, den Feind anzugreifen. **Es war nicht die Feststellung einer beobachtbaren Tatsache, sondern eine Erklärung des Glaubens.**

Denn von dort, wo das israelitische Volk in den Tiefebenen des Jordans stand, hatte es keinen besonders guten Überblick über das Land vor ihnen. Tatsächlich konnten sie nicht viel weiter sehen als bis zum nächsten Schritt, den sie unternehmen würden, nämlich den Jordan zu überqueren, um in das Land zu gelangen, das Gott für sie vorgesehen hatte. Mit anderen Worten: Das Einzige, worauf sie sich verlassen konnten, war das unsichtbare, aber unfehlbare Wort, das der Herr ihnen gegeben hatte. Sie mussten im Glauben vorwärtsgehen!

Und doch sagen Menschen auf ihrem Weg des Glaubens an Gott aus Frustration sehr oft Dinge wie: »Solange ich es nicht sehe, werde ich es nicht glauben!« oder »Ich habe Gott vertraut, warum also geschieht scheinbar nichts?«

Aber mein:e Freund:in, das Wesen des Glaubens besteht darin, zu glauben, *bevor* man sieht.

Denk mal drüber nach. Es macht doch keinen Sinn, wenn eine Person eine Tasse Kaffee in der Hand hält und verkündet: »Ich *vertraue* darauf, dass Gott mir heute einen Kaffee einschenkt«, richtig? Sie hat ihn doch schon! Es ist doch so: **Gott vertrauen oder Glauben haben können wir *exakt nur dann*, wenn wir das Erwartete noch nicht sehen.** Am lebendigsten und aktivsten ist unser Glaube, wenn wir unsere Durchbrüche noch nicht sehen und uns dennoch entscheiden, darauf zu vertrauen und zu glauben, dass Gott treu ist und seine Zusagen einlöst!

Wie ermutigend, dies zu wissen. Dass wir auch dann, wenn wir unser Wunder vielleicht noch nicht sehen, trotzdem auf dem richtigen Weg sein und im Glauben an Boden gewinnen können. Unseren Weg als Gläubige fasst 2. Korinther 5,7 (NLB) kurz und bündig zusammen: »Denn wir leben im Glauben und nicht im Schauen.«

Die Worte, die der Herr am Ufer des Jordans zu Josua sprach, waren aber nicht nur als Zusicherung und Ermutigung gedacht, sondern auch als Herausforderung, sich *so viel Land zu nehmen, wie er wollte*.

Lass uns noch einmal über die Botschaft nachdenken, die der Herr Josua gab: **»Jeden Ort, auf den eure Fußsohlen treten, habe ich euch gegeben.«** Das bedeutet, wenn Josua sich entschlossen hätte, nicht in ganzer Länge und Breite durch das verheißene Land zu ziehen, sondern nur bis zur Hälfte, dann hätte Israel nicht mehr als das halbe Land besessen. Hätte er sich entschlossen, vorzeitig in den Ruhestand zu gehen, nachdem er zwei Drittel des Landes eingenommen hatte, dann wäre genau das und nicht mehr, Israels Erbe gewesen. Wäre ihm der erste Schritt, den Jordan zu überqueren, schon zu beängstigend vorgekommen, dann hätte Israel am Ende gar nichts besessen, obwohl der Herr ihnen bereits das ganze Land gegeben hatte!

Deshalb möchte ich dich fragen: Wer bestimmt, wie viel du heute im Leben bekommst? Wer bestimmt die Lebensqualität und die Erfüllung, die du genießen darfst? Wer entscheidet darüber, welche Segnungen du erfahren darfst? Wer legt die Grenze fest, wie viel von dem reichlich vorhandenen, überfließenden Leben du besitzen darfst?

Viele von uns denken, diese Entscheidungen lägen beim Herrn. Ist er nicht schließlich der allwissende, allmächtige Gott, der alles bestimmt? Doch Psalm 78, der den Weg beschreibt, den Israel in Richtung des verheißenen Landes gegangen ist, enthüllt in Vers 41 (TPT) die ernüchternde Wahrheit darüber, wer wirklich bestimmt, wie viel wir im Leben bekommen. Dort heißt es: »Immer wieder **schränkten sie Gott ein und hinderten ihn auf diese Weise, sie zu segnen**.«

Das sollte *das Letzte* sein, was wir uns für unser Leben wünschen. Möchtest du nicht ganz genau wissen, wodurch du Gott Grenzen setzt und wie du diese Grenzen aufheben kannst?

Gottes Wort gibt eine einfache Antwort: »Mein Volk geht zugrunde aus Mangel an Erkenntnis« (Hos 4,6). Freund:in, ob wir den Herrn begrenzen, hängt davon ab, wie viel oder *wie wenig* wir über seine Wege des Glaubens wissen, sowie darüber, wer wir in ihm sind und welches Erbe wir durch das am Kreuz vollbrachte Werk Jesu haben. **Je mehr wir über unser Erbe wissen und darüber, wie wir**

durch den Glauben Zugang dazu haben (Röm 4,13), desto mehr werden wir besitzen, was uns bereits gehört! Liegt es dann nicht an uns, so viel wie möglich in Erfahrung zu bringen über diese mächtige Sache namens »Glaube«, die Gott uns gegeben hat?

Wie Trinkwasser auf einer langen Wanderung ist es der Glaube, der uns unsere Wunder allmählich in Besitz nehmen lässt. Er gibt uns Kraft, er hilft uns, über den nächsten Schritt und das nächste Hindernis hinauszublicken, und er bringt alle Ressourcen des Himmels mit sich. In Hebräer 11, dem Teil der Bibel, der oft als »Ruhmeshalle der Glaubenshelden« bezeichnet wird, lesen wir Geschichte um Geschichte, Bericht um Bericht, wie Männer und Frauen Gottes unglaubliche Widrigkeiten überwanden, Königreiche eroberten, in Schlachten tapfer kämpften und aus der Schwäche heraus stark gemacht wurden und ihren Durchbruch erhielten.

Und sie erreichten dies alles durch **Glauben**.

In dieser Woche, in der wir uns die Zeit nehmen, uns mit kraftvollen Wahrheiten über den Glauben zu beschäftigen, möchte Gott für dich tun, was er für sie getan hat. Er möchte dein Herz mit neuer Entschlossenheit füllen, sodass der Feind dich mit keinem Hindernis oder Plan entmutigen kann. Er möchte dir einen Geist des Glaubens und der Ausdauer geben, der dich auf jedem Schritt des Weges durchhalten lässt. Er möchte sehen, dass du in jedem Bereich deines Lebens den Gipfel erklimmst.

Er will, dass du im **Glauben** vorwärtsgehst.

WERDE AKTIV!

Nichts lässt einen mehr über eine Reise erfahren, als sie tatsächlich zu unternehmen. Heute ist es an der Zeit, aus dem Haus zu gehen. Dreh ein paar Runden im Park, mach eine Wanderung oder geh auf Streifzug in die nahe gelegene Natur (falls du nicht aus dem Haus kannst, such dir alternativ auf YouTube ein 30-minütiges Workout-Video, das gut zu dir und deinem momentanen Fitness-Level passt). Achte darauf, wie du dich zu Beginn, in der Mitte und schließlich am Ende deines Weges bzw. deiner Aktivität fühlst.

Wenn du fertig bist, schreib auf, was du während deiner Aktivität gedacht und gefühlt hast. Was hat dich veranlasst, bis zum Ende durchzuhalten? Sprich jetzt mit dem Herrn über die Reisen in deinem Leben, die du noch unternimmst. Sag ihm, wie du darüber denkst, und bitte ihn, dir mehr über seine Wege des Glaubens beizubringen.

LIES:

Josua 1 | Hosea 4,6

Römer 4,13 | Hebräer 11,4–39

HÜTCHENSPIEL.

TAG ZWEI

GLAUBE IST *KEIN* GEFÜHL

Wenn du schon mal beim Hütchenspiel mitgemacht hast, *bist du wahrscheinlich ausgetrickst worden.*

Worin besteht das Hütchenspiel? Nun, hier ist der typische Ablauf: Eine einzelne Kugel wird unter einen von drei identischen Bechern gelegt, die dann in schneller Folge vom Hütchenspieler direkt vor den Augen des Mitspielers untereinander verschoben werden. Nach diesem Verschieben wird der Mitspieler aufgefordert, auf den Becher zu zeigen, unter dem sich seiner Meinung nach die Kugel befindet. Wenn er richtig tippt, hat er gewonnen. Gelingt ihm dies nicht, kassiert der Hütchenspieler den Einsatz.

Klingt doch ziemlich simpel, oder? Ja, sofern es fair gespielt wird. In der Praxis ist das Spiel dafür bekannt, hauptsächlich von Trickbetrügern benutzt zu werden, die durch geschickte Fingerfertigkeit die Kugel während des Spiels vertauschen und verstecken, den Mitspieler in die Irre führen und die Kugel dann nach Belieben platzieren. Ein perfekter Trick, um den unbedarften, ahnungslosen Mitspieler, der es nicht besser weiß, gründlich abzuzocken.

Jetzt fragst du dich vielleicht: *Warum reden wir über Hütchenspiele, und wie soll mir das helfen, Glauben besser zu verstehen?*

Das sag ich dir jetzt.

Der Feind ist ein ganz gerissener. Die Bibel nennt ihn einen Dieb, einen Lügner und eine Schlange, dessen einziges Ziel es ist, zu stehlen, zu töten und zu vernichten (Joh 10,10). Und wenn es um den Glauben geht, ist dies vielleicht der größte Betrug, den er an solchen Gläubigen verübt, die es nicht besser wissen: **Er tauscht unseren *Glauben* aus und ersetzt ihn durch unsere *Gefühle*.**

Denk nur an all die Gedanken und Gefühle, die uns oftmals aufhalten, wenn wir versuchen, im Glauben an Boden zu gewinnen:

- *Ich habe einfach das Gefühl, dass ich nicht genügend Glauben habe.*
- *Ich hab versucht, Gott zu vertrauen, aber ich habe nicht das Gefühl, dass es funktioniert!*
- *Das, was ich mir erhoffe, ist unter den gegebenen Umständen nicht realistisch.*
- *Ich habe Mist gebaut. Ich glaube nicht, dass Gott mir antworten wird.*
- *Ich weiß nicht, ob ich wirklich glaube … Ich fühle es einfach nicht.*

Wie ein gewiefter Hütchenspieler lenkt der Feind deinen Blick von der sicheren und unerschütterlichen Grundlage für deinen Glauben – dem Wort Gottes – weg und bringt dich stattdessen dazu, dich auf deine Gefühle zu konzentrieren, die du hast, wenn du deine Situation betrachtest. Am Sonntag kommst du voller Glauben aus dem Gottesdienst, aber ehe du dich's versiehst, ist am Montag schon wieder die Luft raus und du bist völlig demoralisiert.

Was ist gerade passiert? Du wurdest ausgetrickst!

Mein:e Freund:in, genug ist genug! Höchste Zeit, dem Teufel auf die Schliche zu kommen!

Glaube ist KEIN Gefühl.

Unsere Gefühle sind dem Auf und Ab unserer täglichen Erfahrungen unterworfen. Kannst du dir vorstellen, wie es wäre, wenn unser Glaube wirklich auf unseren Gefühlen beruhen würde? Wenn er davon abhinge, ob wir einen guten oder einen schlechten Tag haben, ob wir an diesem Tag Mist bauen oder nicht? Was, wenn unser Glaube jedem Gefühlshoch oder -tief folgen würde? Ist das die Art von Glauben, die Gott für uns vorgesehen hat? Nie im Leben.

Wenn Glaube also kein Gefühl ist, was ist er dann?

In Hebräer 11,1 (NKJV) gibt uns Gott diese Definition von Glauben: »Glaube ist die **Substanz** der Dinge, die man erhofft, der **Beweis** für Dinge, die man nicht sieht.« Man beachte die bewusste Wortwahl des Herrn, mit der er den Glauben, den wir haben sollen, beschreibt. Er verwendet Worte wie *Substanz* und *Beweis*, die eine greifbare, konkrete Gewissheit spüren lassen, die fast schon unanfechtbar ist. Das sagt uns, dass der Glaube zwar nicht sichtbar, aber dennoch nicht vage oder unzuverlässig ist. Er ist gewiss, gesichert und zuverlässig!

Weißt du, warum? Weil er auf dem unerschütterlichen Wort Gottes gründet, das von dem unumstößlichen Werk Jesu am Kreuz zeugt. Deshalb sagt uns die Bibel, dass **der Glaube kommt, wenn wir die gute Nachricht von Christus hören** (Röm 10,17)!

Was also ist Glaube? Der Glaube ist eine geistliche Entscheidung, an den Herrn, sein Wort und sein für uns getanes Werk zu glauben. Er ist eine Entscheidung, die aus einer innigen Beziehung mit der Person Jesu erwächst und von ihm getragen wird.

Bedeutet das nun, dass unsere Gefühle und Emotionen keine Rolle spielen? Bedeutet es, dass wir nun nie wieder Angst oder Besorgnis empfinden dürfen? Natürlich nicht. Aber es bedeutet, dass unser Glaube von unseren Gefühlen **getrennt** ist.

GLAUBE | GEFÜHLE

Und weil beide getrennt voneinander sind, **müssen deine Gefühle, auch wenn sie vorhanden sind, deinen Glauben nicht zwangsläufig beeinflussen!** Schau dir nur diese Personen der Bibel an, die trotz der Widrigkeiten, denen sie ausgesetzt waren, und trotz ihrer Gefühle an ihrem Glauben festhielten und ihre Durchbrüche erlebten!

- **David** in Ziklag – an einem der tiefsten Punkte in seinem Leben, nachdem seine Feinde seine Stadt und sein Haus geplündert hatten, ermutigte er sich selbst im Herrn (1Sam 30).

- **Joschafat** – voller Angst, weil sich drei heidnische Armeen in gewaltiger Heerstärke gegen ihn versammelt hatten, suchte er den Beistand des Herrn (2Chr 20,1–30).

- **Jeremia** – fürchtete sich vor dem Volk, zu dem er als von Gott berufener Botschafter sprechen sollte; er erhielt eine Offenbarung von Gott und tauchte trotz seiner Angst auf, um zu predigen (Jer 1,1–10).

Ist dieses Wissen nicht befreiend? Dass es in Ordnung ist, sich so zu fühlen, wie man sich fühlt, und es den eigenen Glauben trotzdem nicht beeinflussen muss? Und das ist noch nicht alles. Der Glaube ist nicht nur von deinen Gefühlen getrennt, sondern er ist deinen Gefühlen auch **überlegen**.

GLAUBE

GEFÜHLE

Das bedeutet einfach: Was du glaubst, hat die Macht, deine Gefühle zu beeinflussen! Wir brauchen keine Gefühle, um unseren Glauben zu bestätigen, aber wenn wir das Richtige über den Herrn glauben, erzeugt unser richtiger Glaube die richtigen Gefühle.

In Psalm 56,11 schreibt dessen Autor diese kraftvollen Worte über den Glauben an den Herrn: »Auf Gott vertraue ich und fürchte mich nicht.« Wir sehen hier, dass die Entscheidung, dem Herrn zu vertrauen, dazu führt, dass die Angst aus unseren Herzen vertrieben wird. Die Entscheidung, sein Wort im Glauben auszusprechen, übt einen positiven Einfluss auf unsere Gefühle aus.

Freund:in, es ist nicht falsch, Gefühle zu haben, aber Gott will nicht, dass deine Gefühle über dein Leben herrschen. Er will, dass die Realität seiner überfließenden Gnade und die untrennbare Beziehung, die du mit ihm hast, dein Herz und deinen Verstand beherrschen, sodass du über jeden Bereich des Lebens herrschen kannst – sogar was deine Gefühle und Emotionen angeht (Röm 5,17)!

Somit weißt du jetzt besser Bescheid. Wenn also das nächste Mal jemand versucht, dich übers Ohr zu hauen, und dich dazu bringen will, deine Gefühle dahingehend zu untersuchen, ob du glaubst oder nicht, falle nicht darauf herein!

WERDE AKTIV!

Übernimm aktiv die Verantwortung über deine Gefühle der letzten Woche. Beginne damit, indem du Bibelpassagen findest, die Leben in die Situationen hineinsprechen, mit denen du konfrontiert bist (du kannst Passagen aus den nachstehenden Bibelstellen verwenden), und bekenne sie laut. Konzentriere dich nicht darauf, wie du dich dabei fühlst. Sprich einfach Gottes Worte der Wahrheit im Glauben laut aus! Sobald du anfängst, das Wort Gottes im Glauben auszusprechen, wirst du die mächtige Wirkung deiner Worte auf deine Gefühle feststellen können.

LIES:

Hebräer 11,1–2 | 1. Samuel 30

2. Chronik 20,1–30 | Jeremia 1,1–10

← Erfahre hier noch mehr.

bae der Tag war lit 🔥🔥 hab diese neuen Kicks im Laden gesehen 🙏🏻🙏🏻 on fleek 🙏🏻🙏🏻
hol ich mir safe 💯👟👟👟 16:07

TAG DREI

GOTT-SLANG

Yolo. Fomo. Echt *lit*. Outfit *on fleek*. Bin *shook*. Stay *woke*. You *slay*. *Yeet*!

Jede Generation hat ihren eigenen Slang.

Man braucht nur einige dieser Begriffe gegenüber einer Person zu erwähnen, und der Ausdruck der totalen Verwirrung oder des sofortigen Verstehens auf ihrem Gesicht gibt zuverlässig Auskunft, zu welcher Generation sie gehört, sei es Gen X, Millennials oder Gen Z.

Was ist Slang? Er ist eine informelle Sammlung von Wörtern und Ausdrücken, die eher in der gesprochenen als in der Schriftsprache vorkommen und die von Menschen innerhalb einer bestimmten Gruppe oder in einem bestimmten Kontext verwendet werden. Es ist eine Ausdrucksweise, die Menschen miteinander verbindet. Sie schafft ein gemeinsames Gefühl von Identität, Zusammengehörigkeit und Verbundenheit.

Wusstest du, dass auch Gott einen Slang spricht? Er hat für sein Volk diese besondere Art des Redens, an der es sich orientieren kann. Dies bringt die Menschen seines Volkes dazu, in ihrer Identität als seine Söhne und Töchter zu leben und die durch seine Worte erzeugte Kraft und Wirkung zu erfahren.

In Markus 11,12–14.20–22 demonstrierte Jesus die Macht dieses göttlichen Sprachmusters, als er einen Feigenbaum verfluchte, weil dieser keine Früchte trug. Als er und seine Jünger am nächsten Tag an ihm vorbeikamen, waren die Jünger verblüfft, als sie feststellten, dass der Feigenbaum verwelkt und verdorrt war. Sie versammelten sich um ihren Meister, erstaunt und begierig darauf, mehr darüber zu erfahren, wie so etwas passieren konnte. Die Antwort Jesu? »Habt Glauben an Gott« (Mk 11,22) oder »**Habt Gottes Glauben**« (ELB). Beachte bitte, dass Jesus sie wegen ihrer Frage nicht tadelte. Stattdessen lud er sie ein, an derselben Macht und Fähigkeit teilzuhaben, die er und sein Vater teilten – die Macht von Gottes Slang.

Dieser Slang und diese Art des Redens nennt sich **Glaube**! Und heute richtet er die gleiche Einladung an dich. Wenn du Gottes Sprache des Glaubens erlernst, wirst du Gott-artige Resultate sehen und erleben.

Wie viele von uns sind froh, dass Jesus nach diesem Satz nicht aufhörte? Der Urheber des Glaubens höchstpersönlich fuhr mit seiner Einführung in diese wunderbare Sprache des Glaubens fort, indem er hinzufügte:

> *Denn wahrlich, ich sage euch: Wenn jemand zu diesem Berg* ***spricht****: Hebe dich und wirf dich ins Meer!, und in seinem Herzen nicht zweifelt, sondern glaubt, dass das, was er* ***sagt****, geschieht, so wird ihm zuteilwerden, was immer er* ***sagt****.*
> *— Markus 11,23*

Ist dir etwas aufgefallen? Sieh nur, wie oft Jesus hier das Sprechen erwähnt. Freund:in, Gott will, dass du über die Sprache des Glaubens und darüber, wie sie funktioniert, eines weißt: **Glaube spricht**. Wenn du in deinem Leben vor einem Berg stehst – einer Herausforderung oder einem Hindernis auf deinem Weg –, übst du deine bluterkaufte Autorität als gläubiger Mensch aus, indem du einfach glaubst und dann sprichst! In Römer 10,10 (EÜ) bekräftigt die Stimme des auferstandenen Christus dies durch den Apostel Paulus, indem sie uns sagt: »Denn mit dem Herzen glaubt man und das führt zur Gerechtigkeit, **mit dem Mund bekennt man und das führt zur Rettung**.« Das Wort Rettung kommt hier von dem griechischen Wort *sozo*, das sich eigentlich darauf bezieht, von allen Arten von Gefahren im Leben gerettet zu werden, freigesetzt, wiederhergestellt, gesund gemacht, geheilt zu werden![1]

Wow, das ist mal eine Ansage! Im Grunde bedeutet dieser Vers einfach nur, dass wir auf die gleiche Weise, wie wir das größte Geschenk erhalten haben – die Errettung durch Jesus Christus –, auch alle anderen begleitenden Gaben und Segnungen in unserem Leben erhalten – indem wir sprechen! Indem wir im Glauben sprechen, können wir sogar *Berge* versetzen.

Jesus vertiefte seine Erläuterung der Sprache des Glaubens dann noch weiter.

Er sagte seinen Jüngern, sie müssten **glauben, dass sie die Dinge, über die sie im Gebet sprachen oder um die sie baten, bereits empfangen hatten, bevor sie sie tatsächlich besäßen** (Mk 11,24). Genau das demonstrierte er mit dem Feigenbaum.
Er sagte nicht: »Nie wieder soll jemand von deinen Früchten essen!« (Mk 11,14 NLB), nahm sich dann einen Hocker, setzte sich neben den Baum und überlegte: »Hm ... ich frage mich, was da so lange

dauert?« Nein. In dem Moment, als Jesus sprach, glaubte er, dass das, was er zu dem Baum gesagt hatte, bereits an dessen Wurzeln eingetreten war. Er brauchte es nicht zu sehen, um zu glauben, dass das Wunder geschehen war! Für den Herrn war es, als hätte es *bereits stattgefunden*.

Was er von seinen Jüngern verlangte, war dies: **zu glauben, ohne zu sehen, und sich dann so zu verhalten, als sei das, worum sie gebeten hatten, bereits geschehen**. Dies erinnerte seine Jünger wahrscheinlich an etwas anderes, das er ihnen bei einem früheren Beisammensein gesagt hatte. Da ermutigte er sie, auf die Verheißungen in Gottes Wort zu reagieren, indem sie in einer Weise glaubten und sprachen, als hätten sie das, was diese Verheißungen besagen, bereits erhalten. Er sagte ihnen: »Denn wer **hat**, dem wird gegeben werden; wer aber nicht hat, von dem wird auch das genommen werden, was er hat« (Mk 4,25). Das Wort *hat* bedeutet im griechischen Grundtext »besitzen« oder »verfügen über«.[2] Wie nehmen wir unser Wunder in Besitz? Indem wir es mit unseren Worten beanspruchen – es aussprechen!

Es gibt also zwei Dinge, die uns der Herr über die Sprache des Glaubens klarmachen will. Erstens ist der **Glaube eine tiefe Offenbarung, dass wir bereits haben, worum wir im Gebet bitten**. Es ist die göttliche Erkenntnis und Überzeugung, dass wir *alles* haben, was Gottes Wort sagt, und zwar noch bevor die Realität es beweist!

Zweitens ermutigt uns der Herr, **so zu sprechen und zu handeln, als sei es schon geschehen**, als hätten wir unser Wunder bereits. Wenn du anfängst, im Glauben zu sagen: »Ich habe es!«, sagt Gott: »Ja, du hast es! Und du sollst es haben!« Denn die Wahrheit ist, dass du es tatsächlich schon hast. Jeder geistliche Segen ist uns in

SPRICH, WIE DER HIMMEL SPRICHT.

Christus bereits verfügbar gemacht. Dass wir ihn noch nicht sehen können, macht ihn nicht weniger real.

Tatsächlich gibt es im biblischen Hebräisch keine Zukunftsform.[3] Es ist fast so, als hätte Gott die Sprache seines Volkes so gestaltet, dass es immer so sprechen würde, als besäße es all das Gute bereits, von dem es spricht! Wenn wir zum Beispiel die Segnungen in 5. Mose 28 in manchen Bibelübersetzungen unserer Sprache lesen, scheinen sie alle mit »Gesegnet wirst du sein« zu beginnen, was nahelegt, dass der Segen noch nicht eingetroffen ist. Aber die Wörter »wirst du sein« wurden von Übersetzern aus Gründen der Lesbarkeit hinzugefügt, was bedeutet, dass sie im hebräischen Bibeltext nicht vorkommen. Zutreffender wäre es demnach, es so zu lesen: »Gesegnet bist du«!

Römer 4,17 bringt das Wesen von Gottes Slang so auf den Punkt: **Er »ruft [dem], was nicht ist, als wäre es da«**. Freund:in, das ist die Art, wie Gott spricht. Er spricht nicht aus, was er sieht. Er spricht immer das aus, was er sehen *will*!

Ich weiß, dies widerspricht allem, was uns vertraut ist. Sollen wir wirklich auf den sehr realen und sichtbaren Berg, der vor uns aufragt, blicken und ihm mit Bekenntnissen und Worten entgegentreten, deren Substanz nicht sichtbar ist? Kann unser Reden wirklich die hoffnungslose Situation ändern, vor der wir stehen, wenn nicht einmal unsere besten Bemühungen dies können?

Die Jünger, die offensichtlich das gleiche Gefühl der Unzulänglichkeit hinsichtlich ihres Glaubens und ihrer Worte hatten, baten Jesus deshalb: »Herr, stärke unseren Glauben!« Darauf antwortete Jesus: »Wenn ihr Glauben hättet wie ein Senfkorn, so würdet ihr zu diesem Maulbeerbaum sagen: ›Entwurzle dich und verpflanze dich ins Meer!‹, und er würde euch gehorchen« (Lk 17,5–6).

Hast du schon mal ein Senfkorn gesehen? Es gehört zu den kleinsten aller Samen. Einige sind nicht viel größer als der Punkt am Ende dieses Satzes. Es ist so klitzeklein, fast unsichtbar, dass man es leicht übersehen kann, wenn man nicht ganz genau hinschaut. Erinnert uns das nicht daran, wie wir über die Wirkung unserer Worte denken? Jesus wollte den Jüngern Folgendes vermitteln: **Unsere Worte des Glaubens mögen zwar so verschwindend klein und unscheinbar wie ein Senfkorn wirken, aber sie haben die Kraft, etwas so Massives wie einen Baum zu entwurzeln!**

So wie Gott zu Beginn der Schöpfung die Dunkelheit und die Leere sah und sagte: »Es werde Licht!«, und Licht wurde, und so wie Jesus in einem sturmgepeitschten Fischerboot auf dem See Genezareth dem Sturm direkt ins Auge blickte und die beabsichtigte Beruhigung aussprach, so will Gott, dass wir heute seinen Slang aufgreifen und das aussprechen, was *wir sehen wollen.*

In 2. Korinther 4,13 (EÜ) wird uns gesagt: »Doch haben wir den gleichen Geist des Glaubens, von dem es in der Schrift heißt: ›Ich habe geglaubt, darum habe ich geredet‹. Auch wir glauben und darum reden wir.« So einfach ist das. Wir glauben, wir sprechen, und es wird Kraft freigesetzt, um das, was wir sehen, in das zu verwandeln, was wir sehen wollen. Wie es der Herr will, sollen wir uns bewusst sein, dass seine Worte in unserem Mund so wirkungsvoll sind wie seine Worte in seinem Mund!

Möchtest du Ergebnisse sehen? Willst du sehen, wie sich deine Berge versetzen? Dann fang noch heute an, Gottes Slang zu sprechen!

WERDE AKTIV!

Wie alle Slangs ist auch Gottes Slang nicht dazu gedacht, lediglich im Eigendialog gesprochen zu werden. Finde also jemanden, mit dem du ihn üben kannst! Rufe eine befreundete Person an oder schicke ihr eine Nachricht, damit ihr zusammen abhängen könnt. Dann versucht gemeinsam Folgendes: Sprecht abwechselnd Gottes Zusagen und Segnungen übereinander aus.

Merke dir, dass es bei Gottes Slang darum geht, das auszusprechen, was Gott sieht, und nicht das, was du im Natürlichen siehst. Du kannst einige Verse vorbereiten, die du über die befreundete Person aussprechen willst, und du kannst auch achtgeben, welche guten Dinge dir der Herr an Ort und Stelle über sie sagt (über ihr Leben, ihre Zukunft usw.), und all diesen Dingen eine Stimme geben. Das biblische Hebräisch kennt ja keine Zukunftsform, daher sprich Gottes Segnungen über deinen Freund bzw. deine Freundin so aus, als hätten sie sich schon erfüllt!

Antwortet beide zum Schluss auf die guten gegenseitigen Äußerungen, indem ihr sie glaubt und mit einem »Amen!« annehmt. Im Hebräischen bedeutet das »wahrhaftig« oder »so sei es«[4] – auch das ist ein kraftvoller Ausdruck in Gottes Slang.

LIES:

5. Mose 28,1–13 | Markus 11,23–24
Lukas 17,5–6

1. NT: 4982, James Strong, Biblesoft's New Exhaustive Strong's Numbers and Concordance of the Bible with Expanded Greek-Hebrew Dictionary. Copyright © 1994, 2003, 2006 Biblesoft, Inc. and International Bible Translators, Inc.
2. NT: 2192, James Strong, Biblesoft's New Exhaustive Strong's Numbers and Concordance of the Bible with Expanded Greek-Hebrew Dictionary. Copyright © 1994, 2003, 2006 Biblesoft, Inc. and International Bible Translators, Inc.
3. Young, Robert. »Young's Literal Translation of the Holy Bible.« Young's Translation: Publisher's Note & Preface (1898). Christian Classics Ethereal Library. Stand: 14. April 2020. https://www.ccel.org/bible/ylt/ylt.htm.
4. NT: 281, James Strong, Biblesoft's New Exhaustive Strong's Numbers and Concordance of the Bible with Expanded Greek-Hebrew Dictionary. Copyright © 1994, 2003, 2006 Biblesoft, Inc. and International Bible Translators, Inc.

WENN ICH ERWACHSEN BIN . . .

TAG 4

DER GLAUBE FÜR ALLES

Hattest du jemals das Gefühl, dass du viel schneller als gedacht erwachsen werden musstest? Plötzlich und ohne Vorwarnung wurdest du in eine komplett neue Welt des Erwachsenwerdens hineingeschubst, auf die dich nichts hätte vorbereiten können. Wohnen, Miete, Studienkreditschulden, Berufswahl, Lebenspartner-Entscheidungen – da sind so viele konkrete Verpflichtungen, so viel echte Verantwortung. Nie gab es mehr, um das du dich kümmern und wofür du deinen Glauben einsetzen musstest.

Aber ich möchte dich Folgendes fragen: **Wenn du deinen Glauben nur für *eine Sache* einsetzen könntest, welche wäre das**?

Nimm dir einen Moment Zeit, um darüber nachzudenken. Würdest du ihn für den Durchbruch in deinen Finanzen einsetzen? Oder für ein Empfehlungsschreiben oder eine Beförderung? Oder für Antworten auf all deine Fragen zu deinem Beziehungsleben? Oder vielleicht kannst du dich nicht entscheiden, weil es einfach zu viele Bereiche in deinem Leben gibt, in denen sich Gott für dich einsetzen soll.

Freund:in, hör genau zu: Gott will, dass du deinen Glauben vor allem anderen dazu benutzt, an deine Gerechtigkeit zu glauben.

Als Jesus auf der Erde war, sah er das überwältigende Bedürfnis der Menschen nach seiner Versorgung in ihrem Leben. Und er sah, dass sie gestresst und krank vor Sorge waren, weil sie versuchten, diese irgendwie zu bekommen. Sein Herz schwoll an vor Mitgefühl für sie, und er sagte ihnen: »Macht euch also keine Sorgen und fragt nicht: Was sollen wir essen? Was sollen wir trinken? Was sollen wir anziehen? Denn nach alldem streben die Heiden. Euer himmlischer Vater weiß, dass ihr das alles braucht. **Sucht aber zuerst sein Reich und seine Gerechtigkeit; dann wird euch alles andere dazugegeben** (Mt 6,31–33 EÜ).

Fällt dir auf, dass Jesus uns sagt, wir sollen zuerst *seine* Gerechtigkeit suchen, nicht unsere? Nicht unsere anfällige Gerechtigkeit, die auf unserem unbeständigen Verhalten beruht, sondern seine vollkommene Gerechtigkeit. Er sagt, wenn wir mit unserem Glauben darauf vertrauen, dass wir seine Gerechtigkeit empfangen haben, werden wir jeden Segen und jeden Durchbruch erhalten, den wir brauchen.

Jetzt denkst du vielleicht: *Das klingt sehr geistlich, aber nicht besonders praxisnah.*

Freund:in, wenn es eine Sache gibt, die uns davon abhält, von Gott zu empfangen, eine Sache, die uns daran hindert, ohne Scheu zu beten und Gott um das, was wir brauchen, zu bitten, dann ist es dieses nagende Gefühl von Schuld oder Scham, wenn wir Fehler begehen. Und das, wenn wir ehrlich sind, ist jeden Tag der Fall.

Denk darüber nach. Wenn du dich schuldig fühlst, weil du in irgendeiner Weise versagt hast, wirst du dann fröhlich zu Gott laufen, um ihn um Gefälligkeiten zu bitten? Ganz sicher nicht.

Stattdessen wirst du dich fragen: *Wie könnte ich zu Gott gehen? Ich verdiene seine Gunst, seine Güte, seine Hilfe nicht. Er mag zwar mein Vater sein und so weiter, aber unterschwellig ist er wahrscheinlich immer noch wütend auf mich wegen dem, was ich getan habe.* Und so laufen wir *vor Gott weg*, anstatt *zu ihm hin* zu laufen. Wir gehen vielleicht immer noch sonntags in die Kirche und tun all die äußerlich »christlichen« Dinge, aber in unserem Herzen fühlen wir uns meilenweit von Gott entfernt. Das ist es, was Verdammnisgefühle mit uns machen.

Genau aus diesem Grund möchte Jesus vor allem anderen, dass die Gerechtigkeit Gegenstand unseres Glaubens ist. Unser Glaube soll uns vor allem die feste Überzeugung geben, dass Jesus am Kreuz wirklich jede einzelne unserer Sünden – vergangene, gegenwärtige und sogar zukünftige – von uns weggenommen und uns *seine* Gerechtigkeit gegeben hat (2Kor 5,21). Das bedeutet auch, wenn Gott uns heute ansieht, sieht er uns so sündlos und makellos, wie Jesus es ist, weil wir in Christus sind.

Das ändert alles, nicht wahr? Jetzt können wir jederzeit, jeden Tag, unbefangen zu unserem Vater laufen, in dem Wissen, dass er uns mit offenen Armen empfängt. Es gibt uns die Gewissheit, dass wir uns seinen Segen niemals verdienen müssen, denn »Segnungen sind auf dem Haupt des Gerechten« (Spr 10,6). Es gibt uns die Zuversicht, ihn um große Dinge zu bitten, weil wir wissen, dass ihn nichts am Geben und uns nichts am Empfangen hindert!

Das deckt alle Bereiche ab:

Dein Gedankenleben

Negative, selbstverurteilende, selbstverachtende Gedanken haben keinen Platz in deinem Leben, wenn du glaubst, dass du in Jesu Gerechtigkeit gekleidet bist. Gott hat uns »mit sich selbst versöhnt. Jetzt gehören wir zu Gott und stehen befreit von aller Sünde und Schuld vor ihm da« (Kol 1,22 HFA).

Deine Gesundheit

Du kannst sicher sein, dass Gott dich nicht mit Krankheit bestraft oder dir Heilung vorenthält, weil du in der Vergangenheit etwas falsch gemacht hast. Psalm 103,3 (HFA) sagt: »Ja, er vergibt mir meine ganze Schuld und heilt mich von allen Krankheiten!« Weil dir die Gerechtigkeit Jesu gehört, kannst du in jedem Bereich, sowohl körperlich als auch geistig, deine Heilung und Wiederherstellung erhalten.

Deine Finanzen

Schulden zu begleichen, Miete zu bezahlen, für die Zukunft vorzusorgen und keine Ahnung, woher das Geld kommen soll, das du dafür brauchst? Freund:in, selbst wenn du Fehler gemacht oder unkluge Entscheidungen getroffen hast, die dich an diesen Punkt gebracht haben, sollst du wissen, dass Gott diese Sünden bereits auf Jesus gelegt und die Gerechtigkeit Jesu auf dich gelegt hat. Heute kannst du an Versorgung und übernatürlichen Schuldenerlass glauben und an die nötige Weisheit, die dich dein Geld klug verwalten und vermehren lässt (5Mo 8,18).

Dein Beziehungsleben

Wenn du in Beziehungen immer wieder gescheitert bist und das Gefühl hast, dass mit dir etwas nicht stimmt, möchte der Herr dir zeigen, dass heute für dich ein neuer Tag anbricht, weil du seine Gerechtigkeit hast. Du kannst ihn bitten, jeden toxischen Kreislauf, in dem du feststeckst, zu durchbrechen und etwas Neues in deinem Leben zu schaffen. Lass dir von ihm ein Bild von der fantastischen, gesunden, noch nie erlebten Art von Beziehung malen, die du seinem Willen nach genießen sollst, und lass dich von ihm Schritt für Schritt dorthin führen!

Dein Studium oder Berufsleben

Du kannst jede Furcht, jeden selbstverurteilenden Gedanken und jedes negative Label, das dir anhaftet – du seist ein schlechter Student, ein lausiger Angestellter, eine nutzlose Arbeitskraft – durch diese Wahrheit ersetzen: *Ich bin die Gerechtigkeit Gottes in Christus.* Wenn du zu glauben anfängst, dass du in die Gerechtigkeit Jesu gehüllt bist, wird der Herr dich von ganz unten nach ganz oben bringen und dich »zum Kopf und nicht zum Schwanz machen« (5Mo 28,13 NLB)!

Freund:in, deshalb heißt es in Sprüche 21,21 (TPT): »**Die Gottesliebenden, die der Gerechtigkeit nachjagen, werden feststellen, dass all ihre Träume in Erfüllung gehen**: ein erfülltes Leben, das von Gunst durchtränkt ist, und ein Brunnen, der vor Zufriedenheit überquillt.« Mach Gerechtigkeit zum Gegenstand deines Glaubens und all diese Dinge werden dir hinzugefügt werden!

WERDE AKTIV!

Nimm dir die Zeit, noch einmal die verschiedenen Bereiche des Lebens und des Erwachsenwerdens durchzugehen, die zum Schluss des heutigen Textes hervorgehoben wurden, und notiere alle Sorgen oder Ängste, die du in diesen Bereichen vielleicht hast. Lies dann Matthäus 6,31–33 und höre, was der Herr dir zu sagen hat und womit er dich ermutigen will.

LIES:

Matthäus 6,31–33 | 2. Korinther 5,21

← *Das ist noch nicht alles! Sieh dir das hier an!*

BROT BRECHEN.

TAG 5

KÄMPFEN = STÄRKENDE NAHRUNG

Hat dir das Leben schon mal einen so heftigen Schlag versetzt, dass du völlig aus dem Gleichgewicht geraten bist? Der Schlag könnte die Nachricht von der Erkrankung einer nahestehenden Person gewesen sein. Oder ein Verrat durch ein Familienmitglied oder einen Freund. Vielleicht bestand er auch in einem plötzlichen Umschwung zum Schlechten ... *gerade* als du dachtest, du würdest Fortschritte machen.

Einige von uns reagieren auf Schwierigkeiten instinktiv mit Anspannung, Zähne Zusammenbeißen und damit, in einen allgemeinen Kampfmodus zu schalten. Dies ist oft mit großen Verlusten für unser eigenes Herz oder für die, die uns am nächsten stehen, verbunden. Dann gibt es diejenigen unter uns, die in solchen Fällen sofort in Deckung gehen oder die Flucht ergreifen, entschlossen, den Schmerz gezielt und vollständig zu unterdrücken und ihre Gefühle zu verdrängen.

Wenn dich das Leben wie ein Schlag in die Magengrube trifft, wie reagierst du darauf? Kämpfst du? Oder ergreifst du die Flucht? **Wichtiger noch: Was ist Gottes Bestes für uns, wenn so etwas geschieht?**

Werfen wir einen Blick auf eine Geschichte in 2. Mose 17,8–13. Dort kam dieser Schlag in Gestalt der Amalekiter, die einen Streit mit Gottes Volk provozieren wollten. Weil sie sich bedroht fühlten von den Israeliten, die frisch aus der Sklaverei in Ägypten kamen, griffen die Amalekiter sie an, als sie in Rephidim lagerten, einem Ort, dessen Name eigentlich »Ruheplätze« bedeutet.[1] Mein:e Freund:in, es gibt keine unbedeutenden Details in der Bibel. Gott möchte, dass du die Taktik und die Agenda des Feindes kennst: **Der Teufel will deine Ruhe stören, die du als gläubiger Mensch hast.** Er will, dass du gestresst bist, dass du nicht mehr schlafen kannst, dass du das Gefühl hast, du müsstest dich allein um die Lösung des Problems kümmern.

Er will dir das Gefühl geben, du müsstest kämpfen, um die Zusagen, die Jesus durch sein Opfer bereits für dich erworben hat, auch wirklich zu behalten. Besonders hinterhältig daran ist, er will, dass du dich so richtig schlimm abrackerst und quälst, als wäre das, was Jesus auf Golgatha getan hat, nicht genug. Tatsächlich bedeutet das Wurzelwort von *Amalekiter* im Hebräischen genau das: »qualvolle Schinderei«.[2]

Rat mal, welche brillante Militärstrategie sich Mose, der Anführer Israels, als Antwort auf diese Herausforderung durch die Amalekiter ausdachte. Er befahl Josua, seiner rechten Hand, einige Männer zu nehmen und in den Kampf gegen die Amalekiter zu ziehen, während er auf einen nahe gelegenen Hügel steigen, sich auf einen Felsen setzen und den Stab Gottes hochhalten würde.

Vielleicht wunderst du dich jetzt und denkst: *Augenblick mal, das soll verantwortungsvolle Führung sein? Die eigenen Männer in die Schlacht schicken und selbst schön in Deckung bleiben?*

Was jedoch als Nächstes geschah, war mehr als ungewöhnlich. Solange Mose den Stab Gottes hochhielt, hatte Israel die Oberhand. Wenn er aber müde wurde und ihn sinken ließ, erlangte Amalek die Oberhand. Es schien keine Rolle zu spielen, was Josua tat oder wie geschickt die Männer waren, die er bei sich hatte. Es zählte einzig und allein nur, ob Mose die Arme erhoben hatte! Als die beiden Männer, in deren Begleitung Mose war, dies erkannten, stellten sie sich sofort links und rechts neben ihm auf und stützten seine Arme, damit sie immer erhoben blieben.

Jetzt stell dir gemeinsam mit mir mal Folgendes vor: Wir haben eine Zeitmaschine und wir reisen in der Zeit zurück zu genau diesem Moment in der Geschichte, um beim Ausgang der Schlacht zu helfen. Und zwar exakt bis zu dieser Weggabelung, an der der eine Weg zur Schlacht hinunter und der andere auf die Spitze des Hügels führt. Was würdest du tun? Welchen Weg würdest du nehmen? Wohin würdest du gehen, um wirklich etwas zu bewirken?

Zweifellos und im Nachhinein betrachtet würden sich die meisten von uns im Handumdrehen dafür entscheiden, den Berg hinaufzugehen! Das ist gut und fantastisch in unserer hypothetischen Vorstellung, aber wo es wirklich darauf ankommt, ist in unserem eigenen Leben. Wenn der Feind einen Angriff gegen uns startet, was tun wir dann? Wenn wir ehrlich sind, reagieren wir sehr oft, indem wir überstürzt in die Schlacht hinunterrennen, verzweifelt bemüht, die Dinge zusammenzuhalten oder das zu retten, was zu retten ist, anstatt einfach Gottes Stab hochzuhalten, der ein Bild des Kreuzes Jesu, unseres endgültigen Sieges, ist.

Freund:in, der Teufel will uns in einer Haltung der stressvollen, mühsamen Anstrengung sehen, aber **Gott will, dass wir eine Haltung der Ruhe einnehmen, im Glauben, dass dank Jesus jede Verheißung uns gehört**. Hebräer 10,12 sagt uns dies: »Er aber hat sich, nachdem er ein einziges Opfer für die Sünden dargebracht hat, das für immer gilt, zur Rechten Gottes gesetzt.« Weil wir in Christus sind, können wir uns heute hinsetzten. Aufgrund seines vollbrachten Werks haben wir unseren Platz in ihm (Eph 2,6).

Bedeutet das, wir tun absolut nichts? Ganz und gar nicht. In Hebräer 4,11 (NLB) heißt es: »Deshalb **wollen wir uns bemühen**, in diese Ruhe hineinzukommen.«

Warum bemühen? Weil sich ausruhen völlig gegen unsere fleischliche Natur geht! Das klingt für unseren logischen Verstand angesichts unserer Erziehung unrealistisch und lächerlich, weil uns doch so oft gesagt wird, dass wir aufstehen und aktiv werden sollen, da sich die Dinge schließlich nicht von allein erledigen! Wenn es heute für einen Gläubigen einen Kampf gibt, dann ist es der Kampf, zur Ruhe zu kommen. Es erfordert echten Glauben, seiner Herausforderung ins Auge zu blicken und sich dann hinzusetzen, sich zurückzulehnen und darauf zu vertrauen, dass der Herr sich schon darum gekümmert hat.

Beim Glauben dreht sich alles um Ruhe.

Wenn wir ruhig bleiben, macht sich Gottes Gnade, seine unverdiente Gunst, in unserer Situation ans Werk. Wenn wir ruhen, kämpft Gott in unserem Namen. Und das Großartige daran: Wenn der Herr unsere Schlachten schlägt, wird er im Gegensatz zu uns *nicht* müde, macht *keine* Fehler und verliert *nie*.

Weißt du noch, was wir in Woche 1 über die Ruhe gesagt haben? Es geht dabei nicht um Untätigkeit, sondern um von Jesus gelenkte

Aktivität. Wenn du eine Haltung einnimmst, in der du in ihm ruhst, wirst du erleben, wie er dich führt. Der Geist der Gnade Gottes kann dich beispielsweise führen, zur richtigen Zeit das Richtige zu tun – bei der Arbeit, in der Schule, in deinen Beziehungen –, mit dem Ergebnis, dass du die besten Resultate erzielst. Er wird dir Türen zu Möglichkeiten öffnen, die du allein nicht öffnen könntest, und

MACH EINE »LIEBES-PAUSE«.

dich Schritt für Schritt zu ihnen hinführen. Es ist ein klares Zeichen dafür, dass du dich in einer Haltung der Ruhe befindest, wenn du von Gottes Geist der Gnade direkt in deine Durchbrüche geführt wirst, ohne den Stress und die Angst, die dich normalerweise plagen!

Bist du jetzt bereit, dem Teufel ein blaues Auge zu verpassen? Dann sieh dir dieses mächtige Geheimnis an, das Gott für uns in Psalm 23,5 (EÜ) verborgen hat: **»Du deckst mir den Tisch vor den Augen meiner Feinde.«** Inmitten der ungünstigen Umstände und Situationen, mit denen wir konfrontiert sind, hat Gott für uns ein Festmahl vorbereitet. Er will, dass wir uns hinsetzen und speisen, nicht kämpfen! Tatsächlich bilden die hebräischen Buchstaben, aus denen das Wort *Speise* (*lechem*) besteht, auch das Wort *Kampf* (*lacham*)![3]

Was versucht Gott uns hier zu sagen? Ganz einfach: **Wenn du dich durch sein Wort von seiner Liebe zu dir ernährst, kämpfst du damit in Wirklichkeit gegen alles an, was der Feind tut**. Freund:in, ernähre dich von Bibelstellen, die dein Herz wärmen, weil sie dir zeigen, wie gütig Jesus dir gegenüber ist. Ernähre dich von Botschaften, die dein Verständnis von seiner Gnade und seinem vollbrachten Werk vertiefen. Ernähre dich von Andachten, die dich daran erinnern, was er am Kreuz für dich getan hat. Tu im Grunde das, was du jetzt gerade machst! Und je mehr du in dieser wunderbaren Haltung der Ruhe bleibst und dir Zeit nimmst, dich zu stärken und mit Gottes Wort zu sättigen, desto mehr wirst du erleben, wie die Gnade des Herrn in deinem Leben wirkt.

Ich möchte hier ein kurzes Zeugnis mit dir teilen, und zwar von Sarah, einer Schülerin, die eine 180-Grad-Wende in ihren Noten erfuhr, als sie sich einfach von dem ernährte, was Jesus am Kreuz für sie getan hat.

Sarah hatte in der Schule nicht gut abgeschnitten. In ihren Halbjahresprüfungen fiel sie in drei der Kernfächer durch. Also taten ihre Eltern Folgendes: Sie fingen an, zu Hause und im Auto so oft wie möglich, wenn Sarah anwesend war, meine Predigten abzuspielen. Es geschah nicht sofort, aber während Sarah weiter diese Botschaften hörte, begannen sich die Dinge allmählich zu ändern. Sie fing an, ihre Hoffnung und ihr Vertrauen auf den Herrn zu setzen, und ihre Einstellung zu ihren Lernaktivitäten verbesserte sich dramatisch. Bald wurde der Schulstress von Frieden und Ruhe abgelöst. Sechs Monate später, in ihrer Abschlussprüfung, konnte Sarah ihre Noten in den Kernfächern, in denen sie noch vor einem halben Jahr durchgefallen war, kaum fassen. Sie schnitt so gut ab, dass sie zwei Auszeichnungen erhielt, nämlich eine dafür, dass sie zu den besten Schülern der Klasse gehörte, und eine weitere dafür, dass sie die größten Fortschritte gemacht hatte!

Freund:in, dies ist ein Beispiel dafür, wie Gottes Gnade für dich wirken kann, wenn du dich von seinem Wort ernährst und dich ausruhst, anstatt zu kämpfen. Er bringt deine Siege zu dir!

1. OT: 7508, James Strong, Biblesoft's New Exhaustive Strong's Numbers and Concordance of the Bible with Expanded Greek-Hebrew Dictionary. Copyright © 1994, 2003, 2006 Biblesoft, Inc. and International Bible Translators, Inc.
2. OT: 5998, James Strong, Biblesoft's New Exhaustive Strong's Numbers and Concordance of the Bible with Expanded Greek-Hebrew Dictionary. Copyright © 1994, 2003, 2006 Biblesoft, Inc. and International Bible Translators, Inc.
3. OT: 3899, James Strong, Biblesoft1s New Exhaustive Strongss Numbers and Concordance of the Bible with Expanded Greek-Hebrew Dictionary. Copyright © 1994, 2003, 2006 Biblesoft, Inc. and International Bible Translators, Inc.; OT: 3898, James Strong, Biblesoft's New Exhaustive Strong's Numbers and Concordance of the Bible with Expanded Greek-Hebrew Dictionary. Copyright © 1994, 2003, 2006 Biblesoft, Inc. and International Bible Translators, Inc.

WERDE AKTIV!

Denke an eine Herausforderung, mit der du zurzeit umgehen musst und die dir vielleicht Schwierigkeiten bereitet. Es könnte etwas Ungutes sein, das mit Familie, Freunden, schulischer Ausbildung oder beruflichen Dingen zu tun hat. Wie war deine erste Reaktion? Hast du versucht, das Problem aus eigener Kraft und Anstrengung und mit deinem eigenen Verstand zu lösen?

Wie auch immer du bis jetzt reagiert hast, nimm dir Zeit, mit dem Herrn zu sprechen und übergib ihm diese Sache im Gebet. Bitte ihn, dich zu führen und dir den Weg zu weisen, den du gehen sollst (Spr 3,5–6).

Und nun verbringe etwas Zeit in seinem Wort und suche dir als Nahrung eine paar gute Predigten!

2. Mose 17,8–13 | Hebräer 4,11
Hebräer 10,12

ALLE FÜR EINEN, EINER FÜR ALLE.

TAG SECHS

PARTNERSCHAFTEN, DIE UNAUFHALTBAR MACHEN: KALEB & JOSUA

Wir alle kennen den Spruch: »Vier Augen sehen mehr als zwei.«

Dies gilt insbesondere, wenn es um Sport geht. In einer Sportart wie Basketball ist es für einen einzelnen Spieler fast unmöglich, das Spiel der Mannschaft allein zu bestreiten und sie zum Sieg zu führen. Deshalb ist es so wichtig, einen Partner zu haben.

Man denke nur an die großartigen Zweiergespanne in der Ruhmeshalle des Basketballs: Größen wie Stephen Curry und Klay Thompson, LeBron James und Dwayne Wade, Shaq und Kobe oder Jordan und Bugs Bunny (nur ein Scherz)!

Hinsichtlich ihrer Fähigkeiten auf dem Spielfeld, ihrer bevorzugten Spielpositionen und sogar in Bezug auf ihre Persönlichkeit und ihr Temperament könnten einige dieser Spieler unterschiedlicher nicht sein.

Doch über ihre individuellen Unterschiede hinaus war da einfach etwas an ihrer Partnerschaft – die Chemie und die Synergie, die sie erzeugte –, das ihre Teams in Siegesserien, Playoff-Runs und sogar Meisterschaftssiege katapultierte. Jedes Mal, wenn diese Duos auf den Platz kamen, waren sie nicht aufzuhalten

Auch in der Bibel mangelt es nicht an solchen unaufhaltbaren Zweiergespannen.

Da waren Mose und Aaron, Daniel und seine Freunde, David und Jonathan und natürlich Kaleb und Josua! Alles Männer Gottes, die durch den Glauben an ihn mächtige Taten vollbrachten. Sie befreiten ihre Nation, erschlugen Riesen, besiegten Armeen und erfüllten ihre Berufungen. Und sie taten es angespornt durch ihre Beziehungen zueinander.

Zwar hatten auch sie ihre Differenzen, aber sie hatten eine Sache, die sie miteinander verband. **Das war die Kraft ihrer Übereinstimmung.**

Amos 3,3 sagt uns, dass zwei Menschen, damit sie gemeinsam gehen oder reisen können, sich erst einmal einigen müssen. Ihre Übereinstimmung bildet die Grundlage für gemeinsame Werte und Überzeugungen, auf deren Grundlage sie ein gemeinsames Verständnis davon haben, wie Entscheidungen zu treffen und Maßnahmen zu ergreifen sind. Eine tiefe und starke Übereinstimmung führt zu starken, synergetischen Beziehungen.

Kaleb und Josua hatten eine solche Beziehung. Beide gehörten zu den ursprünglich zwölf Kundschaftern, die das Land auskundschaften sollten, und standen auf derselben Seite – sie stellten sich gegen die anderen zehn –, entschlossen glaubend, dass Gott ihnen das Land geben würde.

Worüber waren sie sich einig? **Darüber, wie sie den Herrn sahen.** Sie sahen, dass er treu und vertrauenswürdig war. Sie sahen, dass er auf ihrer Seite war. Sie sahen, dass er für jeden von ihnen einen Anteil hatte.

Und das Ergebnis ihrer starken Übereinstimmung war, dass sie sich bestens in der Lage sahen, das Land in Besitz zu nehmen. Sie sahen sich selbst als Riesentöter und nicht als Heuschrecken! Dieses Bündnis würde sie durch vierzig Jahre in der Wüste bringen und sich als entscheidend für ihre Rolle als diejenigen erweisen, die die neue Generation der Israeliten in das verheißene Land führen würden.

Prediger 4,9–10 (HFA) gibt uns ein aufschlussreiches Bild von einer Beziehung, wie Josua und Kaleb sie gehabt haben könnten: »**Zwei haben es besser als einer allein**, denn zusammen können sie mehr erreichen. Stürzt einer von ihnen, dann hilft der andere ihm wieder auf die Beine.«

Anders als beim Basketball steht für uns weit mehr auf dem Spiel als eine herausragende Saison oder ein Meisterpokal. Wir können es uns nicht leisten, keine Menschen und Freunde um uns herum zu haben, die die gleichen Überzeugungen und den Glauben an einen guten Gott teilen, der uns liebt und für uns da ist.

Mein:e Freund:in, es ist Gottes Wunsch für dich, dass auch du heute glaubenserfüllte Verbindungen mit Gleichgesinnten um dich herum hast!

Er möchte, dass du Freunde hast, denen du dein Herz ausschütten und von denen du dich ermutigen lassen kannst. Freunde, die nicht nur nachplappern, was die heutige Kultur vorgibt, oder die wiedergeben, was deine Situation sagt, sondern die Gottes Worte zu dir sprechen und dich daran erinnern, wie treu er ist. Freunde, die mit dir für die Veränderungen und Durchbrüche beten, die du in deinem Leben sehen möchtest, und die gemeinsam mit dir daran glauben. Freunde, die dich in deiner Bestimmung und in dem Plan, den Gott für dich hat, anspornen werden.

Solche unaufhaltbare Partnerschaften geben dem Herrn die Möglichkeit, **dich zu stärken, andere durch dich zu stärken** und dich auf dem Weg zu halten, der dich deinen Berg erobern lässt!

1:1,000. 2:10,000.

WERDE AKTIV!

Du bist nicht dazu bestimmt, diesen Glaubensweg allein zu gehen.

Gehst du sonntags in die Kirche und verlässt sie gleich nach dem Gottesdienst wieder? Hilfst du vielleicht ehrenamtlich mit, aber findest kaum Zeit, dich mit jemandem hinzusetzen und mit ihm ein echtes Gespräch über deinen persönlichen Glaubensweg zu führen? Dann möchte ich dich dazu ermutigen, dein Leben für jemanden in deiner Gemeinde zu öffnen, dem du vertraust.

Falls du das schon getan hast, warum schaust du dich nicht um und sprichst jemanden an, der es noch nicht getan hat? Bitte den Herrn, dir die Person(en) zu zeigen, auf die du zugehen sollst, um diesen ersten Schritt zu machen und der Person ein Freund bzw. eine Freundin zu sein.

Du kannst heute starke Partnerschaften bilden,
die unaufhaltbar sind!

LIES:

Amos 3,3 | Prediger 4,9–10

← Das hier willst du garantiert nicht verpassen.

»ALSO … WAS IST DEIN GEHEIMNIS?«

TAG SIEBEN

KALEBS ULTIMATIVES GEHEIMNIS

Unbezähmbar. Furchtlos. Entschlussfreudig.

Dies sind nur einige der Schlagworte, die uns in den Sinn kommen, wenn wir darüber nachdenken, was für ein Typ Mensch und Anführer Kaleb war. Aus der Bibel können wir ersehen, dass er ein Mann voller Glauben mit stählernem, unerschütterlichem Vertrauen in den Herrn war, gepaart mit einer grimmigen Hartnäckigkeit und dem unerbittlichen Eifer, alles in Besitz zu nehmen, was der Herr ihm gegeben hatte.

Gibt es daher einen besseren Weg, diese Woche abzuschließen, in der wir etwas über Gottes Wege des Glaubens erfahren, als tief in Kalebs ultimatives Geheimnis einzutauchen? Schließlich ist dies der Mann, der 45 Jahre lang an Gottes Versprechen festgehalten hat. Das ist der Mann, dessen Glaube, Hoffnung und Kraft in all der Zeit in der Wüste nie nachgelassen haben. Das ist der Kerl, der mit 85 Jahren Riesen erledigt und den Berg erobert hat, den Gott ihm in seiner Jugend versprochen hatte.

Stell dir also vor, wir könnten uns hinsetzen und ein offenes Gespräch mit diesem Mann führen und ihm persönlich diese Frage stellen: »Kaleb, was ist das ultimative Geheimnis, um einen Glauben wie den deinen zu haben?«

Josua 14,7–8 (NLB) gibt uns eine Vorstellung davon, was er vermutlich sagen würde:

> *Ich war 40 Jahre alt, als mich Mose, der Diener des Herrn, von Kadesch-Barnea aus losschickte, um das Land zu erkunden. Ich kehrte zurück und lieferte ihm aus* ***vollster Überzeugung*** *einen positiven Bericht, doch meine Brüder, die mit mir gegangen waren, machten dem Volk Angst und nahmen ihm den Mut.* ***Ich für mein Teil folgte ganz dem Herrn, meinem Gott.***

Hast du das mitbekommen? Kaleb sah seinen Glauben einfach **als Ergebnis davon, dass er dem Herrn folgte.** Tatsächlich scheint es fast so, als wäre ihm der Geist des Glaubens, den er in sich trug, selbst nicht bewusst gewesen. Für Kaleb war das, was er tat, nichts weiter, als einen ehrlichen Bericht darüber zu geben, was er gesehen hatte und was er über den Gott glaubte, den er kannte. Wenn wir ihn fragen würden, wie er sich selbst beschreiben würde, wäre seine Antwort sehr wahrscheinlich diese: »Ehrlich, ich bin nur ein Typ, der dem Herrn folgt.«

Es scheint, als wäre der Geist des Glaubens, den wir an Kaleb so bewundern und schätzen, für ihn nicht mehr als ein Nebenprodukt seines vertrauten Umgangs mit dem Herrn gewesen. Ist dir das kleine Wort in Kalebs Beschreibung des Herrn aufgefallen? Er bezeichnete ihn als »den Herrn, **meinen** Gott«. Dieses kleine Wort, das so leicht zu übersehen ist, offenbart uns, wie eng und persönlich

Kalebs Beziehung zum Herrn war. Diese Beziehung war es, die seine Sichtweise bestimmte und seinen Glauben befeuerte.

Während der hebräische Bibeltext Kaleb nicht als »gläubig« bezeichnet, berichtet er dreimal, dass er »**ganz dem Herrn folgte**«. Das erste Mal geschah dies durch Kalebs eigenes Bekenntnis (Jos 14,8 NLB). Das zweite Mal durch seinen Anführer Mose, der ihn darin bestätigte (Jos 14,9). Und das dritte Mal geschah es durch Gott selbst, der den »anderen Geist« bezeugte, den Kaleb in seiner Nachfolge hatte (4Mo 14,24 NLB).

Wenn also Kalebs unaufhaltsamer Glaube einfach das Ergebnis seiner Nachfolge des Herrn war, wie können wir das Gleiche erreichen? Wie können wir Jesus nachfolgen, angesichts der Herausforderungen, Hindernisse und von Riesen bevölkerten Berge in unserem Leben? Klingt nach einem ziemlichen Kraftakt, nicht wahr?

Um dies zu beantworten, müssen wir von Kaleb ausgehend die Zeit 1500 Jahre vordrehen, um das Leben eines Mannes zu betrachten, der dem Herrn im gleichen Geist nachfolgte. Gemeint ist der Apostel Johannes. Johannes folgte Jesus von Anbeginn seines irdischen Wirkens und bekam jedes Wunder, das Jesus vollbrachte, hautnah als Zeuge mit. Als die übrigen Jünger Jesus im Stich gelassen hatten, stand Johannes allein am Fuße des Kreuzes und folgte seinem Herrn bis ganz zum Schluss.

Wenn wir nun Johannes befragen könnten und ihn bitten würden, uns das Geheimnis seiner Nachfolge des Herrn zu verraten, was würde er deiner Meinung nach wohl sagen?

Sehr wahrscheinlich das hier: »Ich strenge mich, ehrlich gesagt, nicht besonders an, Jesus nachzufolgen. Ich weiß nur, dass ich **der Jünger bin, den Jesus liebt**.«

Echt jetzt?

Ja! Wir wissen das, weil Johannes in seinem eigenen Evangelium fünfmal mit eben diesen Worten liebevoll auf sich selbst verweist, auf den Jünger, den Jesus liebte (Joh 13,23; 19,26; 20,2; 21,7; 21,20). Ich möchte deine Aufmerksamkeit auf das letzte Mal lenken, als er diesen Satz benutzte, um sich selbst zu beschreiben:

[Jesus] spricht zu ihm [Petrus]: »Folge mir nach!« Petrus aber wandte sich um und sah ***den Jünger folgen, den Jesus liebte****.*
— Johannes 21,19–20

Fällt dir auf, dass Johannes nicht aufgefordert werden musste, dem Herrn zu folgen? Er folgte ihm bereits! Weil Johannes sich der Liebe Jesu zu ihm so deutlich bewusst war, war es nur natürlich, Jesus nachzufolgen. Es geschah unbewusst und mühelos.

War Johannes nun wirklich der Favorit des Herrn unter den zwölf Jüngern? Oder war er sich der Liebe des Herrn zu ihm einfach bewusster als es die anderen waren? Ich würde sagen, es ist Letzteres, denn die Formulierung »der Jünger, den Jesus liebt« erscheint nur in Johannes' eigenem Evangelium – nirgendwo sonst! Es zeigt klar, dass Johannes eine tiefe und persönliche Offenbarung davon hatte, dass **der Herr ihn wirklich liebte**. Er *wusste* es nicht nur, sondern er *glaubte* es auch und war sich dieser Liebe immer gewahr.

Johannes und Kaleb waren zwei besondere Menschen in der Bibel, die Jesus von ihrer Jugend an bis ins hohe Alter folgten – ungeachtet der Situationen, die der Güte und der in ihrem Leben wirkenden Kraft des Herrn zu widersprechen schienen. Und sie teilten dasselbe Geheimnis: Sie wussten im tiefsten Inneren ihres Wesens, dass **der Herr sie liebte**. Selbst wenn sie sich über sonst nichts mehr sicher

NIMM SEINE LIEBE ZU DIR PERSÖNLICH.

sein konnten, wenn alles um sie herum zusammenzubrechen schien, hörte ihr Glaube doch nie auf, weil er von der unerschöpflichen Liebe des Herrn zu ihnen genährt wurde!

Mir gefällt sehr, wie die tiefsten Geheimnisse oft in den einfachsten Wahrheiten verborgen liegen. Die meisten von uns kennen das wunderschöne Lied »Jesus liebt mich« von William Bradbury aus dem Jahr 1862 mit dem einfachen, aber kraftvollen ergänzenden Refrain:

Ja, Jesus liebt mich,
ja, Jesus liebt mich,
ja, Jesus liebt mich,
die Bibel sagt mir dies.

Manche Leute tun dieses Lied als Kinderlied oder als bloßes Grundwissen des Christentums ab, aber die Wahrheit ist eine andere. Die Offenbarung, dass *Jesus* ***dich*** *liebt*, ist das A und O, wenn du Christus nachfolgen willst. Sie ist der Schlüssel dazu, ein wirklich glaubender Gläubiger zu sein – einer, dessen Glaube in der Treue und Verlässlichkeit Gottes und seines Wortes verankert ist, im Gegensatz zu einem, der nur an guten Tagen an Gott glauben kann.

Die Bibel sagt uns in Galater 5,6 (AMP), dass **der Glaube durch die Liebe mit Energie gespeist wird. Jedes Mal also, wenn du eine Offenbarung über die Liebe des Herrn zu dir und seine Freundlichkeit dir gegenüber bekommst, ist Glaube das Ergebnis.**

Sieh dir nur diese Wunder an, die der Herr Jesus für Menschen vollbrachte, die ihn in seiner Liebe und Gnade sahen, und beachte, was er zu ihnen sagte:

- Ein blinder Bettler, der hörte, wie Jesus zusammen mit einer großen Menschenmenge an ihm vorbeikam, rief ihm zu und glaubte, er würde sich barmherzig zeigen. Jesus enttäuschte ihn nicht. Er heilte den Mann und sagte: »Geh nur. **Dein Glaube** hat dich geheilt« (Mk 10,46–52 NLB).

- Eine Frau, die seit zwölf Jahren unter ständigen Blutungen litt, drängte sich durch die Menge, um zu ihm zu gelangen, nachdem sie gehört hatte, dass Jesus alle heilte, die zu ihm kamen. Sie glaubte, dass sie geheilt werden würde, wenn sie nur seine Kleidung berühren könnte. Und das wurde sie auch. Jesus sagte zu ihr: »Tochter, **dein Glaube** hat dich gesund gemacht« (Mk 5,25–34 NLB).

Freund:in, jedes Mal, wenn du Jesus in seiner Gnade siehst, sieht er dich in deinem Glauben! Wenn du also heute mehr Glauben haben möchtest, dann konzentriere dich nicht auf deinen Glauben. Sieh einfach nur, wie sehr dein Herr Jesus dich liebt und dir in allem, worin du Hilfe brauchst, seine Gnade zeigt. Dann wird in dir der gleiche unaufhaltsame Glaube aufsteigen, den Kaleb und Johannes hatten, sodass du jeden Berg in deinem Leben erobern kannst!

WERDE AKTIV!

Geh auf YouTube oder Spotify und suche dir eine Coverversion des Songs »Jesus liebt mich«, die dir gefällt. Stell den Song auf Wiederholung und höre ihn dir so oft an, bis du von einem Gefühl der Liebe des Herrn zu dir erfüllt bist. Für den Rest des heutigen Tages und auch an allen noch folgenden Tagen übe dich darin, diese tiefe Liebe, die Jesus für dich empfindet, bewusst wahrzunehmen – und zwar an guten Tagen genauso wie an den weniger guten. Tatsächlich solltest du gerade dann, wenn du mit Rückschlägen und Herausforderungen zu kämpfen hast, ganz besonders auf seine Liebe achten. In solchen Momenten wirst du wirklich erleben, wie dich das Wissen um die Liebe Jesu stark und voller Glauben sein lässt!

Du kannst dir außerdem die kostenlose Predigt **»Werde zu dem Jünger, den Jesus liebte«** unter JosephPrince.de/berg/material auf Englisch und Deutsch ansehen.

LIES:

Josua 14,7–8 | Markus 10,46–52
Markus 5,25–34

JESUS LOVES YOU.

BASE CAMP 4

HALTE AN DER ZUSAGE FEST

×

LERNE *DURCHZUHALTEN*, BIS DU
DEINEN SEGEN ODER DURCHBRUCH ERLEBST –
VOR ALLEM DANN, WENN DIE WARTEZEIT
ENDLOS SCHEINT.

PITBULL … ALSO FAST

TAG EINS

HOL DIR GOTTES BESTES. GIB DICH NICHT MIT WENIGER ZUFRIEDEN.

Hast du schon mal beobachtet, wie sich ein American Pitbull Terrier in einen Knochen, ein Kleidungsstück oder irgendetwas anderes verbeißt? Wenn er seine Zähne erst einmal in etwas versenkt, gibt er es nicht mehr kampflos frei.

Der Ruf dieses Hundes mit seinem kräftigen und eisernen Biss eilt ihm derart voraus, dass viele glauben, seine Kiefer seien mit einem Verriegelungsmechanismus versehen, der sie so fest zusammenpresst, dass man einen Stock braucht, um ihm das Maul aufzuhebeln. In Wahrheit unterscheiden sich die Kiefer des Pitbulls physiologisch nicht von denen anderer Hunde. Wenn es um die Bisskraft geht, gibt es andere Hunderassen mit deutlich stärkeren Gebissen. Aber was den Pitbull *wirklich* auszeichnet, ist seine *psychische* Beschaffenheit. Ein Pitbull ist fest darauf gepolt, nicht mehr loszulassen, sobald er zugebissen hat.

Wenn es um die Dinge Gottes geht und darum, seine Verheißungen für unser Leben zu besitzen, sollen wir seinem Willen nach die gleiche »Pitbull«-Zähigkeit aufweisen, mit der wir festhalten, was er uns bereits gegeben hat. Er will nichts Geringeres, als dass wir unsere Besitztümer in Besitz nehmen – alles Gute, das Jesus mit seinem Tod am Kreuz für uns erkauft hat!

Doch wenn die Dinge nicht so laufen wie gedacht, wenn die schlechten Nachrichten nicht abreißen wollen, wenn unser Durchbuch viel zu lange schon auf sich warten lässt, kann es leicht passieren, dass wir klein beigeben, uns zusammenrollen und mit dem zufriedengeben, was da ist.

Denk über die Umstände nach, an die du dich in deinem Leben inzwischen gewöhnt hast. Vielleicht gab es eine Zeit, in der du dir von Gott eine Antwort oder deinen Durchbruch versprochen hast, doch als die Wochen und Monate vergingen und sich nichts änderte, hast du einfach gelernt, die Dinge so zu akzeptieren, wie sie sind. Du hast gelernt, dich damit abzufinden, dass dein Job dich nicht erfüllt, dass du mit Schmerzen in deinem Körper aufwachst oder dass du mit diesem endlosen Strom negativer Gedanken lebst. Du hast gelernt, dich auf den Rat zu verlassen, den du bei Google oder YouTube findest, um mit deiner Situation fertigzuwerden. Und du hast gelernt, dir zu sagen, dass du mit dem Vorhandenen zufrieden sein solltest, weil diese Dinge »gut genug« sind und du dir nicht zu viel anderes erhoffen solltest.

Aber glaubst du wirklich, das sei das Beste für dich? Dich mit den natürlichen Ratschlägen oder Kompromissen zufriedenzugeben, die die Welt zu bieten hat?

Die Sache mit dem Zufriedengeben ist nur die: Es hört nicht dort auf, wo man denkt, dass es aufhört.

Wenn du dich einmal zufriedengibst, wirst du es bald wieder tun. Und wieder. Und immer wieder.

Jedes Mal, wenn du dich zufriedengibst, hast du am Ende weniger.

Und weniger. Und immer weniger.

Es ist ein schleichender, heimtückischer Prozess, bei dem sich Kompromiss mit Enttäuschung und Zweifel vermischt. Dies zerfrisst dein Vertrauen in einen guten Gott und höhlt dein Erbe aus. Und bevor du es merkst, stehst du mit leeren Händen da. Und hier ist das Erschreckende daran: Wir reden uns selbst ein, dass es für uns okay ist.

Freund:in, *es ist nicht okay*.

Es ist nicht okay, dich mit einem Leben voller Schmerzen abzufinden, wenn Jesus deine Krankheit bereits getragen hat. Es ist nicht okay, dich mit einem Leben des Mangels zu begnügen, wenn Jesus am Kreuz um deinetwillen arm gemacht wurde, damit deine Bedürfnisse voll erfüllt werden können. Es ist nicht okay, dich mit einem Leben voller Ängste, Depressionen und Stress abzufinden, wenn Jesus die Dornenkrone getragen hat, um dich von jeder psychischen Unterdrückung zu erlösen. Es ist nicht okay, dich mit einem Leben des »gut genug« zufriedenzugeben, wenn Gott das *Beste* des Himmels, Jesus, seinen geliebten Sohn, für dich aufgegeben hat!

Wenn es einen Menschen gibt, der wusste, wie man sich nicht mit weniger zufrieden gibt, und der fast schon einen »Pitbull-Glauben« hatte, wenn es darum ging, Gott zu vertrauen, dann wohl derjenige, dessen kühne Forderung auf dem Umschlag dieses Buches zu lesen ist! Übrigens, wusstest du, dass Kalebs Name im Hebräischen tatsächlich »Hund« bedeutet?

Lass uns einen Moment über Kalebs Leben nachdenken. Er sah seinen Berg zum ersten Mal, als er 40 war, und nahm ihn schließlich im Alter von 85 Jahren ein. Das sind 45 Jahre des Wartens. Das Beeindruckende daran: Kaleb war am Ende dieser 45 Jahre immer noch stark, leidenschaftlich, hoffnungsvoll und weigerte sich, mit weniger zufrieden zu sein als dem, was Gott ihm versprochen hatte.

Wie ist das möglich? Bei den meisten von uns dauert es höchstens ein paar Monate, wenn nicht nur Wochen, bis wir mutlos werden und anfangen, uns mit unserem »Schicksal« abzufinden. Aber nicht Kaleb. Er offenbart das Geheimnis seines Glaubens und seiner Geduld in dem, was er am Ende dieser 45 Jahre zu Josua sagte. Er kam zu seinem ältesten Freund und erzählte von der Reise, die sie zusammen unternommen hatten:

> ***»Du weißt, was der HERR zu Mose, dem Mann Gottes, meinet- und deinetwegen in Kadesch-Barnea gesagt hat. … ›Das Land, auf das du mit deinem Fuß getreten bist, soll dein Erbteil sein und das deiner Kinder auf ewig**, denn du bist dem HERRN, meinem Gott, ganz nachgefolgt!‹ Und nun, siehe, der HERR hat mich leben lassen, wie er es mir zugesagt hatte. Und es sind nunmehr 45 Jahre, seit der HERR dies zu Mose sagte, als Israel in der Wüste wanderte. Und nun siehe, **ich bin heute 85 Jahre alt, und ich bin noch heute so stark, wie ich war an dem Tag, als mich Mose aussandte; wie meine Kraft damals war, so ist sie auch jetzt, zu kämpfen und aus- und einzuziehen**. Und nun, so gib mir dieses Bergland.«*
> *— Josua 14,6–12*

Hast du mitbekommen, was Kaleb als Erstes zu Josua sagte? Er zitierte, was Gott ihnen beiden vor all den Jahren versprochen hatte – wortwörtlich. Er gab das, was Gott ihnen versprochen hatte, nicht vage von einem Eindruck murmelnd wider, sondern er zitierte es Wort für Wort. Wie ein Pitbull mit seinem schraubstockartigen Beutegriff verbiss Kaleb sich in das, was der Herr ihm versprochen hatte, und weigerte sich hartnäckig, es loszulassen. Während all der Jahre des Wartens bewahrte und hütete er Gottes Wort in seinem Herzen, als hinge sein Leben davon ab!

Das Ergebnis? **Die göttliche Verheißung, die Kaleb in seinem Herzen aufrechterhielt, hielt wiederum ihn aufrecht.** Mit 85 Jahren waren sein Herz so voll mit Glauben und sein Körper so stark von Kraft erfüllt wie in seiner Jugend! Es war, als hätte Gott für ihn die Zeit angehalten, sodass das Alter ihn nicht einholen konnte und Enttäuschung, Müdigkeit und Resignation ihm nichts anzuhaben vermochten.

Und hier kommt das Beste: Am Ende dieser 45 Jahre erlebte Kaleb die Treue des Herrn und seine Wunder wirkende Kraft in Körper und Seele. Eine Offenbarung, die er nicht gehabt hätte, wenn er nicht diesen Weg des Glaubens gegangen wäre, Gott zu vertrauen und auf das Zugesagte zu warten.

Freund:in, der Herr möchte dich etwas Bestimmtes sehen lassen. **Während Zufriedengeben dich an einen Ort bringt, an dem es viel weniger gibt, als du am Anfang hattest, wird dich der Glaube stets an einen Ort bringen, an dem es viel mehr gibt, als du dir je vorgestellt hast.**

Selbst wenn es zu einer Verzögerung kommen sollte, wird der Herr einen Ausgleich dafür schaffen. In 2. Korinther 4,17 wird uns gesagt, »unsere Bedrängnis, die schnell vorübergehend und leicht ist, verschafft uns eine ewige und über alle Maßen gewichtige Herrlichkeit«. Mir gefällt besonders die Formulierung in der Message-Bibel: »Auch wenn es äußerlich oft so aussieht, als brächen die Dinge über uns zusammen, so vergeht doch im Inneren, wo Gott neues Leben schafft, kein Tag, an dem sich nicht seine Gnade entfaltet. Diese harten Zeiten sind Peanuts im Vergleich zu den kommenden guten Zeiten!«

Kaleb muss eine Offenbarung über diese bombensichere, fantastische Realität gehabt haben, die jenseits all der Jahre lag, die er in der Wüste verbrachte. Sie befeuerte seinen Glauben und ließ ihn beharrlich Gottes Wort in seinem Herzen bewahren.

Auch du kannst Gott um eine solche Offenbarung bitten.

Bitte ihn, dir die Augen zu öffnen, damit du das überaus Gute und die Herrlichkeit sehen kannst, die auf der anderen Seite der Herausforderung, die du durchmachst, auf dich warten. Wenn du sie siehst, wirst du dich, genau wie Kaleb, nicht mit weniger zufriedengeben. Du wirst Gottes Wort und seine Verheißungen in deinem Herzen bewahren und kontinuierlich auf sie zustreben! Diese Zusicherung gibt dir sogar Jesus selbst in Lukas 11,9 (NLB): »Deshalb sage ich euch: Bittet, und ihr werdet erhalten. Sucht, und ihr werdet finden. Klopft an, und die Tür wird euch geöffnet werden.« Dank seiner Gnade, die sich stetig in unserem Leben entfaltet, wird uns eine Art von Glaube und Ausdauer geschenkt, die uns genau dies mit der Entschlossenheit und Hartnäckigkeit eines Pitbulls tun lässt.

WERDE AKTIV!

Jakobus 1,2–5 (NGÜ) beschreibt so schön und prägnant den Weg des Glaubens und der Geduld: »Seht es als einen ganz besonderen Grund zur Freude an, meine Geschwister, wenn ihr Prüfungen verschiedenster Art durchmachen müsst. Ihr wisst doch: Wenn euer Glaube erprobt wird und sich bewährt, bringt das Standhaftigkeit hervor. **Und durch die Standhaftigkeit soll das Gute, das in eurem Leben begonnen hat, zur Vollendung kommen. Dann werdet ihr vollkommen und makellos sein, und es wird euch an nichts mehr fehlen.** Wenn es aber einem von euch an Weisheit fehlt, bitte er Gott darum, und sie wird ihm gegeben werden; denn Gott gibt allen gern und macht ›dem, der ihn bittet,‹ keine Vorhaltungen.«

Fang heute damit an, Glaube und Geduld bzw. Standhaftigkeit zu einer Gewohnheit zu machen. Anstatt schnell aufzugeben oder gleich ganz das Handtuch zu werfen, wenn du deinen Durchbruch nicht siehst, solltest du dich darin üben, den Herrn einzubeziehen. Schreib eine Liste von Gebetsanliegen auf, die du in deinem Leben verwirklicht sehen möchtest, und fang an, sie auszusprechen und über sie zu beten, wann immer du Zeit hast. Denk daran, ein Gebet muss nicht lang sein, um wirksam zu sein. Sprich mit dem Herrn in deinen eigenen einfachen Worten über das, worum du ihn bittest, bestätige es im Glauben und danke ihm für das, was er bereits tut!

LIES:

Josua 14,6–12 | 2. Korinther 4,17
Lukas 11,9–13

←Tauche tiefer in die heutige Wahrheit ein!

ENTKNOTE MICH.

TAG ZWEI

WO IST GOTT INMITTEN MEINES KAMPFES?

Seien wir doch ehrlich. Wir alle haben Tage, an denen die Realität scheinbar so krass und schmerzhaft im Widerspruch zu Gottes Zusagen steht, dass wir nicht umhinkönnen zu fragen: *Gott, was geht hier ab? Wo bist du? Wo bist du inmitten des Kampfes, dem ich in der Schule ausgesetzt bin? Wo bist du inmitten der Herausforderung, mit der ich bei der Arbeit konfrontiert bin? Wo bist du inmitten meiner Beziehungskrise? Wo bist du, wenn ich dich am meisten brauche?*

Es gab eine junge Frau in der Bibel, die dieses Gefühl nur allzu gut kannte. Wenn jemand Grund gehabt hätte, diese Frage zu stellen – *Wo ist Gott?* –, dann Esther.

Ihre Geschichte beginnt mit Gefangenschaft. Esther wurde viele Jahre nach der Befreiung der Israeliten aus Ägypten geboren, aber zu einer Zeit, als die Israeliten erneut unter der Herrschaft und Verfolgung eines anderen Volkes standen. Und dieses Mal sah es so aus, als ließe Gott sich überhaupt nicht mehr blicken. Du kannst das

Buch Esther von vorne bis hinten durchlesen, aber du wirst seinen Namen nicht finden. Nicht ein einziges Mal. Nicht einmal, als ein landesweites Gesetz verabschiedet wurde, um Esther und ihr Volk zu vernichten. Nicht einmal, als böse Menschen in Machtpositionen planten, Esthers engste Familie zu sabotieren und zu töten. In jenen Momenten, in denen Esther Gott am meisten brauchte, sah es so aus, als sei er nirgendwo zu finden.

Es war ein quälendes, mutlos machendes Gefühl. Ein Gefühl, das dir vielleicht vertraut ist.

Aber bevor du die Hoffnung aufgibst und das Handtuch wirfst, solltest du eines wissen: **Auch wenn Gott sich vielleicht nicht in der Weise blicken lässt, wie du es von ihm erwartest, so ist er doch präsenter und aktiver, als du denkst.**

Obwohl im Buch Esther nie von »Gott« oder »dem Herrn« die Rede ist, finden wir im hebräischen Bibeltext die Buchstaben seines Namens *JAHWEH* (יהוה), die in entscheidenden Momenten dieser Geschichte als Akrostichon (eine besondere Form eines Gedichts) versteckt sind.

Bevor wir dazu kommen, hier eine kurze Zusammenfassung der Handlung:

Esthers Geschichte reicht vom Schönheitswettbewerb bis zum drohenden Völkermord, und das in kürzester Zeit. Kaum hat ihre Schönheit dem König das Herz gestohlen und er sie zur neuen Königin gemacht, entdeckt Esther das Komplott, dessen Ziel es ist, ihr Volk auszulöschen. Sie findet heraus, dass der König unter dem Einfluss seines mordlüsternen Beraters Haman ein Dekret unterzeichnet hat, alle Juden an einem bestimmten Tag zu massakrieren (Est 3,13). Angesichts eines möglichen Holocausts, der bereits in Gang gesetzt wurde, muss Esther entscheiden, ob sie ihre

Identität verbergen oder ihr Leben riskieren will, indem sie sich vor dem König für ihre Sache einsetzt. Und das Risiko ist nicht gerade klein – es wird mit dem Tode bestraft, sich dem König zu nähern, ohne vorgeladen zu sein (Est 4,11). Königin oder nicht, Esther ist von diesem Gesetz nicht ausgenommen. Und der König scheint keine Skrupel zu haben, seine Königin loszuwerden ... er hatte sich gerade erst seiner vorherigen Königin entledigt (Est 1)! Autsch!

Und vergiss nicht, während all dies geschah, sah es so aus, als hätte Gott ausgecheckt und sein Volk sich selbst überlassen.

Aber hatte er das wirklich?

Esther hat ihren Entschluss gefasst: »Ich [will] zum König gehen, obwohl ich damit gegen das Gesetz verstoße. Wenn ich umkomme, dann komme ich eben um!« (Est 4,15 HFA). Unbemerkt von der gesamten Nation stand hinter der glühenden Tapferkeit dieser jungen Frau ein Gott, der sie nicht im Stich lassen würde.

Als Esther ihr Leben aufs Spiel setzte und den Hof des Königs betrat, war Gott dabei und beeinflusste die gesamte Situation. Wir sehen seinen Namen in dem Gespräch verborgen, das Esther mit dem König führte (von rechts nach links gelesen):

Esther sprach: Wenn es dem König gefällt, so komme der König heute mit Haman zu dem Mahl, das ich ihm zubereitet habe!
— Esther 5,4

Gott gewährte Esther eine unglaubliche Gunst beim König, sodass der König überaus bereitwillig zustimmte, als sie ihn und Haman zu ihrem Festessen einlud, bei dem sie vorhatte, Hamans üblen Plan aufzudecken und flehentlich um das Leben ihres Volkes zu bitten.

Und als die drei beim Festessen versammelt waren, war auch Gott dabei, der die Fäden zog und Esther Rückendeckung gab. Als Esther preisgab, dass sie Jüdin war und dass das Blutbad, zu dem Haman aufgerufen hatte, in Wirklichkeit gegen sie gerichtet war, geschah Folgendes:

> *Der König aber stand in seinem Grimm auf vom Weintrinken und ging in den Garten des Palastes. Haman aber blieb zurück und bat die Königin Esther um sein Leben; denn er sah, dass* ***sein Verderben*** *beim König* ***beschlossen war****. Und als der König aus dem Garten des Palastes wieder in das Haus kam, wo man den Wein getrunken hatte, da war Haman auf das Polster gesunken, auf dem Esther saß. Da sprach der König: »Will er sogar der Königin Gewalt antun in meinem eigenen Haus?«*
> *— Esther 7,7–8*

Wenn das kein perfektes Timing ist! Perfektes Timing, das Gott orchestriert hat, um sicherzustellen, dass dieser bösartige Mann nie wieder das Tageslicht erblicken würde. Wir wissen das, weil Gottes Name wieder einmal in dieser dramatischen Konfrontation verborgen ist:

Ist das nicht erstaunlich? Letztendlich wurden die Juden nicht nur bewahrt, sondern sie merzten auch all jene aus, die versessen darauf gewesen waren, sie zu vernichten (Est 9). Wegen ihres großen Sieges wurde der Tag des vereitelten Völkermordes zu ihrem Festtag, den sie Purim nannten und den die Juden auf der ganzen Welt noch heute feiern. Sie, die keine Überlebenschance hatten, konnten sich zu einem Volk des absoluten Wohlstands entwickeln, weil der Herr mitten unter ihnen war und hinter den Kulissen daran arbeitete, alles zu ihrem Besten zu wenden.

Um also deine Frage zu beantworten: *Wo ist Gott inmitten meines Kampfes?* – er ist mittendrin. In Römer 8,28 heißt es: »Wir wissen aber, dass denen, die Gott lieben, alle Dinge zum Besten dienen, denen, die nach dem Vorsatz berufen sind.« Freund:in, vielleicht siehst du nicht seine Aktivitäten in deiner Situation, aber er ist trotzdem da und riskiert sogar, dass du von ihm enttäuscht bist, damit er alles so arrangieren kann, dass es zu deinem Wohl zusammenwirkt.

Weißt du, warum er von allen Namen, unter denen er bekannt ist, ausgerechnet den Namen JAHWEH in Esthers Geschichte versteckt hat? Weil ***JAHWEH* »Versprechen haltender Gott« bedeutet.**[1] Wie du siehst, möchte der Herr dich zweifelsfrei wissen lassen, dass er sich an alle Versprechen erinnert, die er dir in seinem Wort gegeben hat, und er wird dafür sorgen, dass sie sich auch erfüllen.

Weißt du, warum du dir dessen sicher, wirklich absolut sicher sein kannst?

Weil er seinen Namen, den gleichen Namen *JAHWEH*, auch in deine Geschichte hinein geschrieben hat. Wir sprachen darüber, wie sein Name in Esthers Geschichte in entscheidenden Momenten auftauchte, **aber keiner dieser Momente lässt sich mit dem Moment vergleichen, in dem sein Name in *deiner* Geschichte auftauchte.** Er erschien über seinem Kopf, als er ans Kreuz genagelt wurde, die Arme ausgestreckt, während er die ganze Zeit an dich dachte. Als Jesus am Kreuz hing, berichtet die Bibel, war über seinem Kopf ein Schild in hebräischer, griechischer und lateinischer Schrift befestigt, auf dem zu lesen war: »Jesus, der Nazarener, der König der Juden« (Joh 19,19).

Zwar offenbart der Grundtext des Neuen Testaments nur den griechischen Wortlaut, dennoch glaube ich, dass die hebräische Übersetzung ***J****eschua* ***H****a-Nozri* ***W****e-Melech* ***H****a-Jehudim* gewesen wäre. Und hier sehen wir Gottes Namen, *JAHWEH*, erneut als Akrostichon, was bedeutet, dass der Herr in diesem entscheidenden Augenblick in dein Leben eingegriffen und dir ein Leben voller Segen und erzielter Durchbrüche garantiert hat.

Wie schon in Woche 1 gesagt, ist das Kreuz nicht nur ein Bild für ein gegebenes Versprechen, sondern auch für ein *gehaltenes* Versprechen. Deshalb kannst du ohne den Schatten eines Zweifels sicher sein, dass er seine Zusagen an dich hält.

Freund:in, seine Fingerabdrücke in unserem Leben sind leicht zu erkennen, wenn wir am Ende unserer Prüfungen zurückblicken. Aber lass uns Menschen sein, die glauben, dass der Herr immer in unserem Leben wirkt, auch und gerade dann, wenn es so aussieht, als geschähe nichts. Folgen wir dem Gefühl, das uns tief in unserem Inneren gewiss sein lässt, dass er wirklich der ist, als den er sich bezeichnet – unser Versprechen haltender Gott.

1. Martin, Jenna. »7 Meanings of Yahweh and Why It's Such an Important Name for God.« Bible Study Tools. Stand: 16. April 2020. https://www.biblestudytools.com/bible-study/topical-studies/why-it-matters-that-god-is-yahweh.html.

WERDE AKTIV!

Psalm 119,105 sagt uns, dass Gottes Wort eine Leuchte für unsere Füße und ein Licht auf unserem Weg ist. Das bedeutet, dass er uns über die sichtbaren Situationen um uns herum hinaus göttliche Einsichten in das geben kann, was er hinter den Kulissen in unserem Leben tut.

Denke in Anbetracht der Geschichte von Esther über deine eigene Herausforderung nach. Welche sind auf Esthers Weg die Punkte und Momente, mit denen du dich identifizieren kannst? Wie sieht das Ganze im Natürlichen aus? Und was, glaubst du, arrangiert Gott in deiner eigenen Situation für dich und zu deinem Wohl? Schreibe diese Dinge in dein Tagebuch und vertraue sie dem Herrn im Gebet an.

LIES:

Das Buch Esther | Römer 8,28

BRENNE WEITER.

TAG DREI

ENTTÄUSCHUNGSSICHERER GLAUBE

Verwirrt, enttäuscht und entmutigt. So fühlten sich zwei Jünger Jesu, als sie von Jerusalem und all dem Wahnsinn wegtrotteten, der sich in der vergangenen Woche in der Stadt abgespielt hatte. *Der angebliche Messias, gekreuzigt von den Römern? Wie kann das sein? Sollte er nicht derjenige sein, der Israel retten würde?* Es schien, als bliebe ihnen nichts anderes übrig, als die Hoffnung aufzugeben und nach Emmaus zurückzukehren.

Hast du dich auf deinem Glaubensweg schon einmal an einem solchen Punkt befunden? Verwirrt, weil die Dinge nicht so liefen, wie du dachtest. Enttäuscht, weil du glaubtest, Gott würde sich in einer bestimmten Weise zeigen, was er aber nicht tat. Entmutigt, weil es so aussah, als bliebe dir nichts anderes übrig, als deinen erschöpften Glauben hinter dir zu lassen und dein Leben, so gut es eben geht, weiterzuführen.

Genau in diesem Moment, als die Jünger Jesu sich so fühlten, tauchte Jesus auf. Als Fremder und Mitreisender getarnt, ging er neben ihnen her und fragte sie beiläufig, was los sei. Also erzählten sie ihm mehr oder weniger, dass ihr Glaube fehlgeleitet war. Was sie sich erhofft hatten – dass ihre Nation Israel erlöst würde –, sei nicht eingetreten. Dieser Jesus, der angebliche Messias, hatte es nicht geschafft.

Wie, denkst du, hat Jesus darauf reagiert? Glaubst du, er nutzte diesen Augenblick für einen »großen Auftritt«, damit er sie vor lauter Schock über die überraschende Wendung im göttlichen Plan aus den Latschen kippen sehen konnte?

Nö. Das hätten wir beide vielleicht getan, aber nicht unser Herr Jesus. Anstatt ihnen eine schnelle Lösung für ihre Enttäuschung und Entmutigung zu bieten, indem er ihnen offenbarte, dass er quicklebendig und wohlauf war, nutzte Jesus die Gelegenheit, ihnen das Geheimnis eines belastbaren, enttäuschungssicheren Glaubens zu eröffnen.

Willst du wissen, was es ist?

Folgendes tat er: In den nächsten Stunden »**enthüllte er ihnen sorgfältig die Offenbarung seiner selbst in der gesamten Heiligen Schrift**. Er begann beim Anfang und erklärte die Schriften des Mose und aller Propheten und zeigte, wie sie von ihm schrieben und die Wahrheit über ihn offenbarten« (Lk 24,27 TPT). Ja, ganz genau, die gesamte Zeit über, während er sie immer weiter nach Emmaus begleitete, hielt er seine physische Identität verborgen und offenbarte sich stattdessen in der Bibel! Vom ersten Buch Mose an zeigte er ihnen, wie die Geschichten in Gottes Wort seinen Namen flüsterten und die Prophezeiungen seine unumstößliche Liebe, Gnade und sein großes Opfer widerhallen ließen.

Nun, warum hat er das getan?

Weil er ihnen (und uns) zeigen wollte, dass es **beim enttäuschungssicheren Glauben darum geht, den Blick auf ihn gerichtet zu halten und nicht nur auf das von uns gewünschte Ergebnis**.

Denn der wahre Grund, warum wir von Enttäuschung und Entmutigung überwältigt werden, ist nicht etwa der, dass die Dinge nicht so laufen, wie wir es uns wünschen. Was *wirklich* passiert, ist schnell gesagt. Irgendwann fangen wir an, unsere Wünsche und Vorstellungen über **das zu stellen, was wir über den Herrn *wissen*** – über seine Treue, seine Liebe und seine Macht, die im Verborgenen immer auf unser Wohl hinarbeitet.

Deshalb ist es so wichtig, dass wir ihn überhaupt erst richtig kennen! Wenn das nicht der Fall ist, setzen wir unseren Glauben letztlich nur für die konkreten Ergebnisse ein, die wir sehen wollen, und lassen die Ergebnisse für uns entscheiden, ob der Herr gut ist oder nicht. Das, mein:e Freund:in, ist ein enttäuschungs*anfälliger* Glaube. Und deshalb sind wir am Ende entmutigt, geben auf und verlassen sogar die Kirche, genau wie die beiden Jünger, die aus Jerusalem weggingen, obwohl dort alle anderen Jünger versammelt waren.

Was Jesus für sie auf dem Weg nach Emmaus tat, hatte den Zweck, sie dazu zu bringen, sich wieder auf das zu konzentrieren, was wirklich wichtig war – auf ihn. In Lukas 24,15 heißt es, dass er »sich ihnen näherte und mit ihnen ging«. Mehr als elf Kilometer weit begleitete er sie auf dem Weg weg von Jerusalem, wo sie eigentlich hätten sein sollen. Er half ihnen, ihre Enttäuschung zu überwinden, indem er sie daran erinnerte, auf wem ihr Glaube ruhte. Er zeigte ihnen, wie vertrauenswürdig und zuverlässig er war und wie treu er zu seinem Wort stand. Erst ganz zum Schluss ihrer Reise, als sie ihn baten, die Nacht bei ihnen zu verbringen, offenbarte er sich ihnen auch physisch und sie erkannten, mit wem sie die ganze Zeit Seite an Seite gegangen waren!

Nach dieser unglaublichen Begegnung mit dem Herrn waren die beiden Jünger so gründlich von Enttäuschung befreit, ihre Herzen so sehr gewärmt und ihre Körper dermaßen gestärkt, dass sie den ganzen Weg zurück nach Jerusalem liefen und die ermutigende Nachricht mit den anderen teilten!

Interessant ist, was sie zueinander sagten: »Brannte nicht unser Herz in uns, **als er unterwegs mit uns sprach und uns die Schrift auslegte**?« (Lk 24,32 NLB). Ist dir aufgefallen, dass sie nicht sagten, ihr Herz habe in ihnen gebrannt, als Jesus sich ihnen im Fleisch offenbarte? Vielmehr geschah es, als er sich ihnen in der Bibel offenbarte!

Freund:in, hast du dir jemals gewünscht, Jesus möge dir einfach persönlich erscheinen und mit dir über alles reden, worüber du beunruhigt bist? Jesus möchte, dass du eines weißt: Es ist viel wichtiger für dich, ihn in der Bibel zu sehen, als ihn körperlich sehen zu können. Alles, was du über ihn wissen musst, und alles, was er dir zu sagen hat, steht in dem Wort Gottes, das du in deinen Händen hältst. Durch seinen Geist, der in dir lebt, offenbart er sich dir auch heute noch im Wort und sehnt sich danach, mit dir persönlich deine eigene Straße nach Emmaus entlangzugehen.

Aber die Bibel ist so dick, dass ich nicht weiß, wo und wie ich anfangen soll.

Am besten fängst du an, indem du zuerst verstehst, dass jedes Buch und jedes Kapitel dazu bestimmt ist, dich auf Jesus hinzuweisen. Die Bibel ist ein Liebesbrief von ihm an uns, der uns hilft, sein Herz für uns zu verstehen und zu erkennen, was er für uns getan hat. **Jesus ist der Schlüssel zur Erschließung jeder**

Wahrheit in der Bibel. Deshalb wurden die Menschen in der Kirche zur Zeit der Apostel von diesen immer dazu ermutigt, Jesus besser kennenzulernen (2Petr 3,18; Eph 1,17)! Ganz gleich also, zu welchem Kapitel und Vers du blätterst, bitte den Herrn, sich dir dort zu zeigen. So hast du deine ganz persönlichen Wanderungen mit ihm auf der Straße nach Emmaus und erlaubst ihm, dich in ein Leben zu führen, das von enttäuschungssicherem Glauben gekennzeichnet ist!

WERDE AKTIV!

Einen enttäuschungssicheren Glauben zu haben, bedeutet nicht, dass du dich nie wieder enttäuscht oder mutlos fühlen wirst. Erinnerst du dich, wie wir in Woche 3 darüber sprachen, dass Glaube kein Gefühl ist? Enttäuschungssicherer Glaube ist ein Glaube, der Enttäuschungen standhält und sie überdauert, und er kann aufgebaut werden, indem man über seine Enttäuschungen hinausblickt und sie als Gelegenheit nutzt, den Herrn neu zu sehen.

Du bist über einen bestimmten Bereich deines Lebens enttäuscht? Bring ihn zum Herrn, öffne deine Bibel und bitte ihn, dir mehr von sich selbst zu zeigen und deinen Fokus wieder auf ihn zu richten. Ein tolles Buch für den Anfang ist das Johannesevangelium. Darin siehst du den göttlichen Charakter und die göttliche Persönlichkeit des Sohnes Gottes, deines liebenden Erlösers, wie er umherzog und predigte und lehrte, während er alle heilte und allen half, die zu ihm kamen.

LIES:

Lukas 24,13–34 | Johannesevangelium

← Hier gibt's noch mehr!

»ICH NEHME EINE DOPPELTE PORTION.«

TAG VIER

DER WUNSCH NACH EINER DOPPELTEN PORTION

Wie oft warst du schon total überrascht, wenn du dir deinen wöchentlichen Bildschirmzeitbericht angesehen hast?

Bildschirmzeit wöchentlich: 29 h 8 min

Tagesdurchschnitt: 4 h 9 min

Instagram: 33 %

YouTube: 22 %

Twitter: 17 %

TikTok: 13 %

Snapchat: 9 %

Facebook: 3 %

Bibel-App: 3 %

Und da ist noch nicht einmal die ganze Zeit eingerechnet, die du mit Netflix-Glotzen zugebracht hast.

Ist es nicht verrückt, wie deutlich sich diese Generation in unserem Online-Konsumverhalten widerspiegelt? Diese Generation lebt und atmet Inhalte. Wir erstellen und konsumieren sie in einem

Tempo, das seinesgleichen sucht. Unser »Gedächtnismuskel« ist mittlerweile so trainiert, dass wir unsere Telefone mehrmals am Tag herausnehmen und mit dem Scrollen beginnen, bevor wir überhaupt merken, was wir da tun. Auf der Suche nach Unterhaltung, Wissen und Inspiration verbringen wir Stunden damit, durch soziale Netzwerke zu scrollen, Videos zu streamen, BuzzFeed-Quizze zu machen, online zu shoppen, Handyspiele zu zocken ... all das, um einen tiefen Hunger in uns zu stillen, den wir oftmals mit »Langeweile« verwechseln oder bequemerweise als Bedürfnis nach »Entspannung« entschuldigen.

Das mag zwar manchmal stimmen, aber meistens weist uns diese chronische Unruhe und der Hunger, den wir spüren, auf etwas Tieferliegendes hin – auf einen Hunger im Inneren, den das endlose Scrollen, Streamen, Shoppen oder Spielen *nicht befriedigen* kann.

Der Eine, der dich erschaffen hat, möchte dir sagen, dass **dieser Hunger und dieses Verlangen in deinem Inneren nur von ihm gestillt werden können**.

Prediger 3,11 (NLB) sagt uns, Gott hat, als er uns schuf, »die Ewigkeit in die Herzen der Menschen gelegt«. Du bestehst demnach also nicht nur aus Körper und Verstand mit Gedanken und Gefühlen. In dir steckt mehr als das. Gott hat die Ewigkeit in dich gepflanzt, und das nennt sich dein Geist. Unser Geist ist der wichtigste Teil von uns, und doch gehen wir in einer Welt, die unsere Sinne mit endlosen Unterhaltungsmöglichkeiten überflutet, einfach durchs Leben und ignorieren ihn. Und so sind wir am Ende **mit Inhalten vollgestopft und dennoch geistig ausgehungert**.

Aber heute möchte der Herr dir ein göttliches Menü zeigen, das er für dich zubereitet hat und das dich wirklich nähren und sättigen wird.

Bevor wir uns damit befassen, sollte ich dich warnen. Wenn du das, was auf der Menükarte steht, zu dir nimmst, wird das deutliche Auswirkungen haben. Du wirst nicht nur geistlich genährt, zufrieden und erfüllt sein. **Du wirst durch die Gegenwart und enorme Kraft Gottes auch gerüstet und befähigt sein, ein wirkungsvolles, zielgerichtetes, sinnvolles und außergewöhnliches Leben zu führen.**

Die Bibel berichtet uns von einem Mann in der Urgemeinde namens Stephanus, der geistlich genährt und erfüllt war (Apg ,5–15). Er war voll des Glaubens und des Heiligen Geistes, voll der Gnade und der Macht Gottes. Und das Ergebnis? Er vollbrachte unter den Menschen erstaunliche Wunder und unbestreitbare Zeichen, die zeigten, dass Gott real war und in ihrer Mitte wirkte. Als Ungläubige anfingen, Stephanus zu hinterfragen und mit ihm zu debattieren, hatten sie der Weisheit und dem Geist, die Stephanus Reden bestimmten, nichts entgegenzusetzen. Als die Machthaber sich von Stephanus' Einfluss zunehmend bedroht fühlten, warfen sie ihm falsche Anschuldigungen an den Kopf und brachten ihn vor Gericht. Doch die Vorsitzenden konnten allesamt nicht anders, als Stephanus ehrfürchtig anzustarren, weil die unverkennbare Herrlichkeit Gottes sein Gesicht nur so strahlen ließ.

Das passiert, wenn dein Geist voll ist. Du fängst an, in deinem Alltag auf einer ganz anderen Ebene zu wirken und zu funktionieren. Du beginnst, ein Leben gefüllt mit Glauben, Gnade und der Kraft des Heiligen Geistes zu leben. Du beginnst zu sehen, wie Gottes wunderwirkende Kraft in dir und durch dich wirkt. Du fängst an, mit bestechender Weisheit zu handeln und zu sprechen. Du beginnst, ein Leuchtturm der Herrlichkeit Gottes zu sein, den alle, sogar deine ungläubigen Freunde, deutlich sehen können.

Okay, bist du bereit?

Die Salbung Gottes

Was ist das? **Es ist die Gegenwart des Heiligen Geistes – Jesu eigener Geist –, der die übernatürliche Kraft und Fähigkeit Gottes mit sich bringt.** Im Alten Testament ging ein Mensch jedes Mal, wenn die Salbung Gottes über ihn kam, über die Grenzen seiner natürlichen Fähigkeiten und sogar seiner Persönlichkeit hinaus, um große und mächtige Heldentaten für den Herrn zu vollbringen. Im Alten Testament sehen wir, wie Gideon von einem schüchternen jungen Mann in einen Richter und Anführer Israels verwandelt wurde, der mutig die Stämme Israels gegen die riesige Streitmacht der Midianiter versammelte (Ri 6). Simson wurde so stark, dass er Seilfesseln zerriss, als wären sie Flachs, und er hob den Kieferknochen eines toten Esels auf und tötete im Alleingang 1000 Philister (Ri 15). David tötete Goliat und wurde bekannt als einer, dem alles gelang, was er unternahm (1Sam 17,51; 18,14)!

Ist das nicht etwas, das man sich wünschen und anstreben sollte. Ist es nicht besser, als nur herumzusitzen und sich unterhalten zu lassen und über das Leben anderer Menschen auf dem Laufenden gehalten zu werden? Der Herr möchte, dass du Folgendes über seine Salbung weißt: **Du kannst um mehr davon bitten**.

Genau das hat ein Mann in der Bibel, Elisa, getan. Er war so hungrig nach der Salbung Gottes, dass er um eine **doppelte Portion** davon bat. Er bat nicht nur entschieden darum, sondern er verfolgte dieses Ziel auch entschlossen zusammen mit seinem Meister, dem großen Propheten Elia. Ja, derselbe Elia, von dem wir in Woche 2 gesprochen haben, der gewaltige Zeichen und Wunder tat, die niemand zuvor gesehen hatte.

Wären wir Elias Azubis, würden die meisten von uns sagen, dass es für uns schon ausreichen würde, auch nur halb so gesalbt zu sein wie unser Lehrmeister.

Aber nicht Elisa. Er wollte das Doppelte von dem, was Elia hatte.

Denn Elisa wusste, dass es der Herr selbst war, der Elia gesalbt hatte, und auch, **dass der Herr immer noch mehr zu geben hat**. Als es also für Elia an der Zeit war, den Stab an ihn zu übergeben, und Elia zu ihm sagte: »Erbitte, was ich dir tun soll, ehe ich von dir genommen werde!«, antwortete Elisa wie aus der Pistole geschossen: »Möchte mir doch ein zweifacher Anteil an deinem Geist gegeben werden!« (2Kö 2,9).

Das war nun wirklich eine mutige Bitte. Sogar Elia selbst war leicht überrascht und sagte: »Du hast etwas Schweres erbeten: Wirst du mich sehen, wenn ich von dir hinweggenommen werde, so wird es dir zuteilwerden, wenn aber nicht, so wird es nicht geschehen!« (2Kö 2,10).

Wie wir in der gesamten Bibel immer wieder feststellen können, liebt Gott beherzte Bitten. Sieh also selbst, was passierte. Fast unmittelbar nachdem Elisa seine Bitte geäußert hatte und Lehrer und Lehrling ihren Weg fortsetzten, »kam ein feuriger Wagen mit feurigen Pferden und trennte beide voneinander. Und Elia fuhr im Sturmwind auf zum Himmel« (2Kö 2,11). Es war fast so, als ob in dem Augenblick, als Elisa sagte, er wünsche sich eine doppelte Portion der Salbung des Herrn, der Herr sagte: »Okay, ich sorge dafür, dass du sie bekommst! Du wirst auf keinen Fall Elias Fortgang versäumen!«

Freund:in, so antwortet der Herr dir, wenn du dir seine Salbung wünschst und darum bittest, er möge sie auf dir ruhen lassen. So eifrig ist er bestrebt, dich mit seinem Geist zu erfüllen!

Durch Gottes Salbung vollbrachte Elisa 16 Wunder im Vergleich zu den 8 Wundern von Elia, also genau doppelt so viele. Zu diesen gehörten auch die Erweckung eines Jungen von den Toten, die Heilung eines Aussätzigen, die Reinigung giftigen Wassers sowie die Vermehrung von Gerstenbroten zur Speisung hungriger Menschen. Alles, weil der Herr ihm an diesem Tag begegnete und wunschgemäß eine doppelte Portion Salbung auf ihn ausgoss!

Das ist das Herz deines Vatergottes für dich. Er liebt dich und ihm liegt stets am Herzen, dass du, sein geliebtes Kind, das Beste bekommst. **Tatsächlich ist das der eigentliche Grund, warum du dir seine Salbung wünschen und ihn sogar um mehr davon bitten sollst – damit er dich großzügig mit ihr überschütten kann!**

Genau das hat auch Kalebs Tochter, Achsa, über das Herz ihres Vaters herausgefunden. Ja genau, sie war die Tochter jenes Mannes, von dessen mutigen und unerschrockenen Glauben wir in den letzten Wochen gelesen haben. Auch sie ging mutig zu ihrem Vater und sagte: »Gib mir einen Segen! Denn du hast mir ein Südland gegeben; so gib mir auch Wasserquellen!« Und Kaleb gab ihr wegen seiner großen Liebe zu ihr **die oberen und die unteren Quellen** (Ri 1,15).

Jetzt pass auf: Quellen sind in der Bibel ein Bild für Gottes Salbung (Joh 4,14; 7,37–39). Die oberen Quellen stehen als Bild für den Geist Gottes, der mit seiner Kraft *auf* uns ruht, vergleichbar damit, wie er auf die Helden im Alten Testament herabkam. Und die unteren Quellen sind ein Bild des Heiligen Geistes, der heute *in* uns Gläubigen wohnt und uns in unserem täglichen Leben leitet.

Weil Jesus uns durch sein Blut gerecht gemacht hat, dürfen wir den Heiligen Geist nicht nur *auf* uns haben wie Gideon, Samson und David, **sondern wir dürfen seine mächtige Salbung auch dauerhaft *in* uns haben, wo er uns ALLE Dinge lehrt und uns in ALLEM leitet**!

Schau dir an, was 1. Johannes 2,27 (NLB) sagt: »Aber ihr habt den Heiligen Geist von Gott empfangen, und er lebt in euch, deshalb braucht ihr niemanden, der euch lehrt. Denn der Geist lehrt euch alles, und was er lehrt, ist wahr.«

Wow, wenn das keine doppelte Portion ist! Es ist das Geschenk unseres Vaters an uns, das wir uns einfach nehmen dürfen.

Wie nehmen wir uns nun diese mächtige Salbung, die Gott für uns bereithält? Freund:in, wir müssen verstehen, dass **Gottes Salbung nicht einfach eine Sache ist, sondern eine Person, deren Name Jesus, der Gesalbte, ist**! Wir nehmen an Salbung zu, indem wir uns mehr von Jesus wünschen, indem wir uns Zeit nehmen, um seine Gegenwart zu suchen und in sie einzutauchen, und indem wir einfach die Schönheit seiner Gnade betrachten und sie würdigen. Je bewusster wir uns seiner Gegenwart sind, die in uns wohnt und uns auf Schritt und Tritt begleitet, desto mehr werden wir seine Salbung in unserem Leben fließen sehen.

David, König von Israel und einer der gesalbtesten Psalmisten der Bibel, drückt den unschätzbaren Wert der Gegenwart des Herrn so aus:

> ***Eines habe ich vom HERRN erfragt,***
> *dieses erbitte ich:*
> *im Haus des HERRN zu wohnen*
> *alle Tage meines Lebens;*
> ***die Freundlichkeit des HERRN zu schauen***
> *und nachzusinnen in seinem Tempel. — Psalm 27,4* EÜ

Mögen diese wunderbaren Worte Davids über die eine Sache, die er mehr als alles andere wünschte und anstrebte, sich in unseren Geist einprägen und auch in unserem eigenen Leben zum wichtigsten Ziel werden.

Kommen wir zum nächsten Punkt auf Gottes Menükarte:

Eine tiefere Offenbarung seiner Gnade

In unserer heutigen Zeit bietet der Herr uns dank moderner Technologie immer mehr von seiner Gnade an. Und er tut dies auf wirklich praktische Weise. Er hat die Botschaft von seiner Gnade so leicht zugänglich gemacht, dass sie für uns genauso schnell verfügbar ist wie Instagram, YouTube, Facebook, Twitter und jede andere App, die wir inzwischen ganz automatisch aufrufen. Tatsächlich sind seine Botschaften und Gnadenworte auch auf diesen Plattformen überall zu finden! Jetzt haben wir mehr denn je Zugang zu Online-Gottesdiensten, Predigten und zu Lobpreis-Songlisten, die seine wunderbare Gegenwart transportieren und dabei nicht den Weg über den Verstand nehmen, sondern direkt unseren Geist ansprechen.

Der Herr kennt nämlich den unersättlichen Appetit, den wir Menschen haben. Tatsächlich hat er uns sogar so geschaffen. Als Menschen der Gnade sind wir die Benjamin-Generation (Benjamin war der jüngste Bruder von Joseph, der ein Bild unseres Herrn Jesus ist. Josephs erste Worte an Benjamin in 1. Mose 43,29 waren: »Gott sei dir **gnädig**, mein Sohn«). Und so beschreibt uns der Herr als Benjamin-Generation:

Benjamin ist ein ***reißender Wolf****.*
Er frisst am Morgen die Beute,
und verteilt am Abend den Raub. – 1. Mose 49,27 NLB

Wir, die Benjamin-Generation, werden mit einem »reißenden Wolf« verglichen. Es überrascht daher nicht, dass wir einen unersättlichen Appetit, einen unstillbaren Hunger haben. Aber worin besteht eigentlich die »Beute«, hinter der wir her sind? Wölfe sind oft auf der Jagd nach **Lämmern** – ein Bild für Jesus, das Lamm Gottes, am Kreuz. Wonach wir uns also wirklich sehnen, ist das Evangelium der Gnade!

Die Wahrheit ist, dass wir nie genug davon bekommen können. Das Evangelium ist keine Geschichte, die wir nur einmal hören und dann irgendwo verstauen. Römer 1,16 sagt uns, **das Evangelium Christi ist »Gottes Kraft zur Errettung für jeden, der glaubt«**. Das Wort *Kraft* bedeutet eigentlich »Stärke, Fähigkeit; die Macht, Wunder zu vollbringen; moralische Stärke und herausragende seelische Eigenschaften; Macht und Einfluss, die mit Reichtümern und Wohlstand einhergehen; Macht und Ressourcen, die sich aus Zuwachs ergeben; Macht, die aus Armeen, Streitkräften, Heeren besteht oder auf ihnen beruht«.[1] Nimm dir Zeit, das noch einmal zu lesen und zu begreifen, dass du jedes Mal, wenn du dich vom Evangelium der Gnade ernährst, diese Art übernatürlicher Kraft in dein Leben hinein empfängst!

Kein Wunder also, dass die Bibel von der Benjamin-Generation sagt, diese habe von allem fünfmal mehr als alle anderen. In der Geschichte Benjamins erhielt dieser von seinem Bruder Joseph fünfmal mehr Wechselkleidung und fünfmal mehr Nahrung. Dies steht bildlich dafür, wie wir von Jesus **fünfmal mehr wechselnde Salbungen** (verschiedene Fähigkeiten und Fertigkeiten, um in verschiedenen Rollen zurechtzukommen, z. B. als Student, Kreativschaffender, Unternehmer, Autor, Produzent, ehrenamtlicher

Mitarbeiter der Kirche usw.) und **fünfmal mehr natürliche und geistliche Nahrung** erhalten haben!

Freund:in, lass uns, wie es 1. Mose 49,27 (NLB) ausdrückt, »die Beute fressen« (das Evangelium der Gnade als Nahrung aufnehmen), damit wir in der Lage sind, »den Raub zu verteilen« (die uns verliehene Macht zu aktivieren, um andere zu segnen). Anstatt all unsere Zeit, unseren Verstand und unsere Emotionen mit Inhalten zu füllen, die in unserem Leben nicht viel bewirken, lass uns lieber unseren Geist mit der Salbung Gottes nähren und füllen und uns nach einer tieferen Offenbarung seiner Gnade sehnen.

Und wir sollten es nicht dabei bewenden lassen, sondern stets um eine doppelte Portion bitten!

1. NT: 1411, James Strong, Biblesoft's New Exhaustive Strong's Numbers and Concordance of the Bible with Expanded Greek-Hebrew Dictionary. Copyright © 1994, 2003, 2006 Biblesoft, Inc. and International Bible Translators, Inc.

FÜNFMAL MEHR.

WERDE AKTIV!

Die Salbung Gottes

Da es bei der Salbung Gottes darum geht, den Geist des Herrn bei und in uns zu haben, schöpfen wir mehr aus seiner Salbung, **wenn wir lernen, uns seiner Gegenwart bewusst zu sein**. Nimm dir Zeit, mit ihm wie mit einem Freund zu reden. Unterhalte dich mit ihm während deines Tages. Je mehr du seine Gegenwart in deinem Leben schätzt und ein tiefes Bewusstsein dafür entwickelst, dass du in einer Beziehung mit ihm bist, desto stärker wirst du seine Herrlichkeit und Salbung in deinem Leben sichtbar werden sehen!

Eine tiefere Offenbarung seiner Gnade

Wir haben die Qual der Wahl. Es gibt so viele unglaublich gute Prediger des Evangeliums, die regelmäßig gnadenerfüllte Inhalte veröffentlichen, von denen du dich ernähren kannst. Achte darauf, dir gute Predigten anzuhören, während du dich morgens fertig machst oder während du auf dem Weg zur Schule, zur Arbeit oder zurück nach Hause bist. Wenn dir nach Inhalten ist, die kompakt sind, aber jede Menge Power bieten, schau dir meine Instagram-Seite oder meinen YouTube-Kanal an!

LIES:

2. Könige 2,1–18 | Richter 1,12–15
Psalm 27,4 | 1. Mose 49,27

DAS IST KEIN WELTUNTERGANG :)

TAG FÜNF

GLAUBE, DER NIE VERSAGT, SELBST WENN *DU* ES TUST

Drei Strikes und du bist raus!

Für alle, die nicht wissen, wie ein Baseballspiel funktioniert: Ein Schlagmann (Batter) hat auf seinem Standort, der sogenannten Home Plate, drei Versuche frei, um mit seinem Schläger den Ball des Werfers (Pitcher) zu treffen. Wenn er Glück hat, kann er einen erfolgreich geschlagenen Ball so gut platzieren, dass er nach dem Treffer losrennen und gleich alle drei Bases, also das ganze Infield umrunden und wieder zurück zur Home Plate gelangen kann. Wenn er aber auf einen geworfenen Ball zielt und nicht nur beim ersten und zweiten, sondern auch beim dritten Versuch daneben schlägt, ist er nach diesen drei Schlägen (Strikes) aus dem Spiel (Strikeout)!

Vielleicht liegt dir nicht viel an Baseball, aber hast du dich schon einmal so gefühlt, als hättest du einen Strikeout in *deinem Leben* gehabt?

Denk nur an all die Male, in denen du dir selbst oder anderen versprochen hast, etwas Bestimmtes zu tun, ohne es dann wirklich durchzuziehen. Und dann, noch schlimmer, hast du vielleicht die Chance bekommen, es wiedergutzumachen, neu anzufangen, noch einmal von vorn zu beginnen, und hast auch die verbockt.

Zu viele Strikeouts, und uns beschleicht das Gefühl, wir sollten vielleicht besser aufgeben. Selbst wenn alles gut auszusehen beginnt, wenn es sich zum Besseren wendet, kann die Angst, zu versagen oder Fehler zu machen, schwer auf unserer Seele lasten und uns beklommen damit rechnen lassen, dass irgendwo irgendetwas schiefgeht, weil wir schließlich nie alles unter Kontrolle haben.

Freund:in, hast du Angst, dass die Dinge, die du in deinem Leben noch nicht durchschaut, gelöst oder in Ordnung gebracht hast, dir die Zusagen Gottes rauben könnten? Machst du dir jetzt, wo wir uns bei unserem Aufstieg dem Gipfel nähern, Sorgen, dass dein Glaube im allerletzten Moment, wenn er am meisten zählt, versiegt?

Wenn es eine Person in der Bibel gibt, die hundertprozentig weiß, wie es ist, wenn der Glaube im entscheidenden Moment versiegt, dann Petrus.

Großtuerisch, forsch, der Mund schneller als der Kopf: Petrus ist der Prototyp eines Menschen, der die Dinge nie lange im Griff behalten kann. In einem Moment läuft er auf dem Wasser, die Augen fest auf Jesus gerichtet, und im nächsten Moment wird er durch Wind und Wellen abgelenkt und beginnt zu sinken und zu schreien (Mt 14,28–31 NLB). Im einen Moment verkündet er Jesus als den Messias, im nächsten Moment nimmt er Jesus zur Seite und tadelt ihn, weil er davon spricht, ans Kreuz zu gehen (Mt 16,13–23 NLB)!

Der heftigste Moment des Versagens in Petrus‘ Leben muss der Moment gewesen sein, als er mutig seine unverbrüchliche Hingabe an Jesus verkündete und am Ende alles zurücknehmen musste.

Am Anfang war er zuversichtlich und erklärte Jesus im Beisein der anderen Jünger: »Selbst wenn dich alle verlassen, ich werde bei dir bleiben.« Kannst du dir die skeptischen Blicke seiner Freunde vorstellen?

Und als Jesus antwortete und Petrus sagte, dass dieser ihn noch in derselben Nacht (in der er, Jesus, verhaftet werden und seinen qualvollen Weg zum Kreuz antreten würde), vor dem ersten Hahnenschrei, nicht nur einmal, sondern dreimal verleugnen werde, protestierte Petrus heftig: »Nein! Nicht einmal, wenn ich mit dir sterben müsste! Ich werde dich niemals verleugnen!« (Mt 26,33–35 NLB).

Nun, das ist die falsche Art von mutigem Glauben. Das ist der feste Glaube an *sich selbst*, und der endet nie gut.

Doch trotz all seiner Fehler, seiner Unbesonnenheit und seiner Unfähigkeit, seine ungestüme Zunge zu beherrschen, gab es an Petrus etwas, das man einfach lieben muss – seine Menschlichkeit.

Vielleicht haben wir das, was Petrus zum Herrn sagte, selbst noch nie gesagt. Aber wir alle kennen Zeiten, in denen wir so viel Leidenschaft für etwas empfanden, dass wir Dinge versprachen, die wir nicht halten konnten. Wir alle hatten Momente, in denen wir im Herzen entschlossen waren, etwas zu tun, nur um dann auf ganzer Linie zu versagen. Vielleicht geht es bei dir um eine schlechte Angewohnheit, die du einfach nicht lassen kannst, oder um einen Anspruch, den du an dich selbst stellst, dem du aber einfach nicht gerecht werden kannst. Vielleicht hast du eine Entscheidung getroffen und dir selbst und anderen versprochen, dich daran zu halten. Doch dann bist du einen Kompromiss nach dem anderen eingegangen und hast dich dabei so gefühlt, als hättest du dich selbst und alle anderen enttäuscht.

Genau das ist auch Petrus passiert. Im denkbar schlechtesten Moment, als es am meisten darauf ankam, nicht zu versagen, versagte Petrus.

Nicht einmal.

Nicht zweimal.

Sondern dreimal.

Strike 1: Als Petrus an einem Feuer in der Mitte eines Hofes saß, nicht weit entfernt von der Stelle, an der Jesus festgehalten wurde, outete ihn ein Dienstmädchen als einen der Nachfolger von Jesus. Sofort leugnete Petrus dies und antwortete ihr: »Frau, ich kenne den Mann überhaupt nicht!« (Lk 22,57 NLB).

Strike 2: Eine andere Person sah ihn und prangerte ihn ebenfalls an. Petrus erwiderte: »Nein, Mann, das bin ich nicht!« (Lk 22,58 NLB).

Strike 3: Jemand anderes erkannte seinen galiläischen Dialekt und meinte, Petrus gehöre bestimmt zu der Truppe von Jesus, und dieses Mal explodierte Petrus. Schimpfend und fluchend wetterte er: »Ich weiß nicht, wovon du redest« (Lk 22,60 NLB).

In genau diesem Moment krähte der Hahn, was in Petrus Ohren klang wie: *»Drei Strikes und du bist raus!«*

Es fällt uns nicht schwer, uns in Petrus‘ Lage zu versetzen und uns vorzustellen, wie er sich gefühlt haben muss. Wir alle haben das schon erlebt. Wir alle kennen das intensive Empfinden von Schuld und Scham und das mulmige Gefühl, Menschen zu enttäuschen.

Wir kennen auch die hektischen Gedanken, die darauf folgen, Gedanken und Sorgen darüber, was die Menschen über uns denken müssen, weil wir versagt haben. Aber was empfand *Jesus* in diesem Moment gegenüber Petrus? Was ging ihm durch den Kopf, nachdem er gesehen hatte, wie einer seiner engsten Jünger ihn innerhalb weniger Minuten wiederholt verriet? Und das alles, während er die Tortur des Verhörs ertrug und wusste, dass er ans Kreuz gehen würde?

Sicherlich muss er verärgert, beleidigt und schwer enttäuscht gewesen sein, um es vorsichtig auszudrücken.

Das muss auch Petrus gedacht haben.

Jedenfalls so lange, bis er Jesus genau in dem Moment, als er dachte, er habe endgültig verspielt, direkt in die Augen sah.

Lukas 22,61 (NLB) sagt uns: »In diesem Augenblick drehte der Herr sich um und sah Petrus an.« Es war kein Blick, der sagte: »Ich wusste es. Ich wusste, dass du mich enttäuschen würdest.« Vielmehr sagte sein Blick: »Petrus, **bleib ruhig. Ich liebe dich immer noch**. Weißt du noch, was ich dir gesagt habe?«

Moment mal! Was genau hatte Jesus nicht lange davor zu Petrus gesagt? Lukas 22,32 (HFA) sagt uns, dass Jesus, als er Petrus' Leugnungen voraussagte, ihm auch versicherte: »Aber ich habe für dich gebetet, **dass du den Glauben nicht verlierst. Wenn du dann zu mir zurückgekehrt bist, so stärke den Glauben deiner Brüder!«**

Es war Jesus wichtig, dass Petrus sich im Moment seines Scheiterns daran erinnern würde, dass er gestärkt daraus hervorgehen und sogar in der Lage sein würde, andere zu stärken. Kannst du das glauben? Als Petrus es völlig vermasselte, änderte Jesus seine gute Meinung über ihn nicht, sondern glaubte, dass er gestärkt daraus hervorgehen und zu einem Zeugnis werden würde. Jesus glaubte immer noch das Beste über ihn. Jesus liebte ihn immer noch genauso und sah sein Versagen als eine Chance für ihn, ein neues Maß der göttlichen Gnade zu erfahren.

Freund:in, so empfindet der Herr auch dir gegenüber, wenn du es vermasselst, wenn du dich falsch entscheidest, wenn du blind deinen

Gefühlen folgst oder wenn die Schwäche deines Fleisches die Regie übernimmt. **In Jesu Augen hast du immer noch das beste Ansehen.** Er verpasst dir niemals Schuldgefühle, er beschämt dich nicht und kommt dir auch nicht mit Warnungen, wie knapp du gerade noch davongekommen bist. Er teilt nur Gnade aus, und es ist diese unerwartete, überfließende Gnade, die uns von der Sünde befreit und uns stärker werden lässt!

Und dann ist Jesus auch noch so phänomenal gnädig, dass er, nachdem Petrus versagt hatte, alles Erdenkliche tat, damit Petrus *auf keinen Fall* übersehen würde, wie sehr Jesus ihn liebte. Man sollte meinen, Petrus wäre derjenige gewesen, der hätte versuchen müssen, Jesus zurückzugewinnen, nachdem er ihn verraten hatte. Aber es war Jesus, der sich die Zeit nahm und sich die Mühe machte, Petrus zurückzugewinnen, als dieser sich in Schuld und Verurteilung wälzte.

Am Tag seiner Auferstehung hinterließ Jesus seinen Jüngern eine Nachricht, in der er ihnen mitteilte, wo er sein würde, und in der er **Petrus ausdrücklich erwähnte**, um ihn wissen zu lassen, dass er ihm immer noch wichtig war (Mk 16,7). Am selben Tag, bevor er die anderen traf, kam er zu Petrus und tröstete ihn unter vier Augen, damit Petrus vor den anderen nicht gedemütigt würde (Lk 24,34). Und er hob sich den besten Teil der Wiederherstellung für den Schluss auf, indem er seinen Jüngern ein Frühstück am Seeufer zubereitete, damit er dort vor aller Augen Petrus wieder zum Dienst einsetzen konnte (Joh 21). Mit der Glut eines brennenden Feuers und einem möglicherweise in der Ferne krähenden Hahns bot die Szene einen unverkennbaren Rückblick auf diese schmerzhafte Nacht. Genau dort bestätigte Jesus Petrus dreimal – einmal für jedes Mal, bei dem Petrus ihn verleugnet hatte. Das ist derselbe Jesus, der uns anfeuert und uns wiederherstellt, wenn wir versagen!

Denn weißt du, in unseren schwächsten Momenten ist es der Herr, der an uns festhält. Es ist sein Glaube, der nie versagt. Nicht andersherum.

Als Petrus in seinem Versagen die Liebe Jesu zu ihm erfuhr, wurde er über alle Vorstellungen hinaus gestärkt und verändert. Aus einem vor Angst versteinerten, schuldbeladenen Jünger, der sich seiner Schwächen so schmerzlich bewusst und wie gelähmt war, wurde ein furchtloser, zuversichtlicher, überzeugter Prediger des Wortes Gottes. Nur wenige Wochen später würde er dastehen und kraftvoll zu Tausenden von Menschen predigen und erleben, wie 3000 Menschen den Erlöser Jesus kennenlernten.

Jesus.

Jesus, der uns nie aufgibt.

Jesus, dessen Liebe und Gnade uns stärken.

Jesus, dessen Glaube nie versagt, auch wenn wir versagen.

WERDE AKTIV!

So wie Jesus bei Tagesanbruch für Petrus das Frühstück am See zubereitet und ihn dort wiederhergestellt hat, so möchte er dasselbe für dich tun. Steh morgen etwas früher auf, um den Sonnenaufgang zu erleben. Du kannst dir dafür ein schönes Plätzchen suchen oder ihn vielleicht auch einfach nur durch dein Schlafzimmerfenster beobachten. Während du zusiehst, wie der Himmel von dunkel nach hell wechselt, was einen neuen Tag und einen neuen Anfang bedeutet, sprich mit dem Herrn über einen Bereich deines Lebens, bei dem du das Gefühl hast, du hättest Mist gebaut. Erzähle ihm in deinem Tagebuch davon oder sprich mit ihm über das, was geschehen ist, und erlaube ihm, zu dir zu sprechen, dich zu bestätigen und dich liebevoll und gnädig wiederherzustellen.

LIES:

Matthäus 26,31–35; 69–75

Lukas 22,31–34; 54–62 | Johannes 21

PUBLIC TRANSPORT FOR ALL
COMMUNITY NEED
BEFORE PROFIT
THE CLI
IS CHANG
WHYAREN'T
STRONGE
TOGETHER
SAVE
THE
EARTH
OCEAN

TAG SECHS

AUF MISSION

Wenn du nicht wütend bist, siehst du nicht genau genug hin.

Kennst du dieses Zitat? Wahrscheinlich hast du es schon einmal gehört, und der eine oder andere trägt es vielleicht sogar stolz auf seinem T-Shirt. Es ist eine Aussage, die alle wissen lässt, dass man aufgewacht ist, und die ihnen deutlich zu verstehen gibt, dass auch sie aufwachen sollten. Sie sollten sich der sozialen Ungerechtigkeit bewusst werden, die überall auf der Welt geschieht. Sie sollten sich bewusst sein, dass unser Planet in Flammen aufgeht. Sie sollten verstehen, *dass wir in der Moderne definitiv noch* nicht *an einem Punkt angelangt sind, an dem es nichts mehr zu verbessern gibt*. Und wir sollten alle etwas bewirken und für das Richtige kämpfen.

Diese Generation hat den Ruf, die in sozialer, politischer und ökologischer Hinsicht bewussteste Generation aller Zeiten zu sein. Insgesamt glauben wir an Aktivismus, und wir glauben, dass wir die Macht *und die Pflicht* haben, die Welt zum Besseren zu verändern. Das haben wir zu unserer Mission gemacht!

Wenn man darüber nachdenkt, ist das der Berg, den viele von uns ins Visier genommen haben – der Berg namens Utopia, auf dem wir eine bessere Welt schaffen.

Zuallererst wird es dich freuen zu erfahren, dass der Herr extrem wach ist und auch er sich für die Belange der Unterdrückten und Machtlosen einsetzt. Sprüche 15,3 sagt uns, »die Augen des HERRN sind überall, sie erspähen die Bösen und die Guten«, und Sprüche 16,11 (HFA) macht deutlich, »der HERR will, dass Waage und Gewichte stimmen«. Durch das gesamte Buch der Sprüche hindurch können wir sehen, in welcher Weise er sich einsetzt. In Sprüche 22,22–23 wird uns gezeigt, wie er die Armen und Bedürftigen vor denen verteidigt, die sie ausnutzen wollen. In Sprüche 23,10–11 lesen wir, wie er Waisenkinder, die nicht für sich selbst kämpfen können, schützt und verteidigt. Als ob das noch nicht genug wäre, heißt es im Schlusskapitel (Spr 31,8–9 NLT): »Sprich für die, die nicht für sich selbst sprechen können; sorge für Gerechtigkeit für die, die unterdrückt werden. Ja, setze dich für die Armen und Hilflosen ein und sorge dafür, dass ihnen Gerechtigkeit widerfährt.«

So sehr kümmert sich Gott um alles. Das ist es, was er für die Menschen im Herzen empfindet. Und doch: **Das ist nicht die Mission, die er uns gegeben hat**.

Nachdem Jesus von den Toten auferstanden war, begegnete er seinen Jüngern auf einem Berg und gab ihnen stattdessen diese Botschaft:

> *»Sondern ihr werdet* ***Kraft empfangen****, wenn der Heilige Geist auf euch gekommen ist, und* ***ihr werdet meine Zeugen sein*** *in Jerusalem und in ganz Judäa und Samaria und bis an das Ende der Erde!« — Apostelgeschichte 1,8*

Hast du das verstanden? Ihnen wurde die Kraft des Heiligen Geistes gegeben, mit der sie alles im Universum hätten anstellen können, was auch Gott gekonnt hätte, und doch wurde den Jüngern nur eine Mission gegeben: Zeugen Jesu für die Menschen auf der ganzen Welt zu sein. Das ist die Mission, die auch uns heute gegeben ist.

Warum ist sie nicht dazu da, die Armut endgültig zu beenden, jegliche Unterdrückung zu beseitigen oder den Planeten zu heilen?

Weil der Herr das große Ganze sieht und weiß, dass alles Kaputte in dieser Welt aus der Gebrochenheit des menschlichen Herzens geboren wird. Einige von uns geben dem Kapitalismus und dem Konsumdenken die Schuld am Zustand unserer Gesellschaft. Andere lasten es der Gier und dem Egoismus der Menschen in Machtpositionen an, weil diese schließlich das Sagen haben. Aber die Wahrheit ist, dass alles Korrupte und Schlechte in dieser Welt auf die Korruptheit und Schlechtigkeit des menschlichen Herzens zurückgeht. Das menschliche Herz muss nicht nur repariert werden, es muss *ersetzt* werden.

Und der Einzige, der das tun kann, ist Jesus.

Hesekiel 36,26–27 (GNB) gibt uns ein anschauliches Bild davon, was passiert, wenn ein Mensch gerettet wird. Der Herr sagt: »Ich gebe euch ein neues Herz und einen neuen Geist. **Ich nehme das versteinerte Herz aus eurer Brust und schenke euch ein Herz, das lebt**. Ich erfülle euch mit meinem Geist und mache aus euch Menschen, die nach meinen Ordnungen leben, die auf meine Gebote achten und sie befolgen.«

Freund:in, die Antwort auf die Frage, wie man wirklich etwas auf der Welt bewegen kann, lautet: Man muss ihre Bewohner retten. Dies tun wir, indem wir die Botschaft der guten Nachricht von Christus verbreiten und alle Nationen zu Jüngern machen. Wenn die Herzen der Menschen verändert werden, wird sich dadurch ihr Handeln, ihr Reden und alles andere in ihrem Leben ändern (Spr 23,4). Von allen Zielen, für die wir kämpfen können, glaubst du nicht, dass dies das größte ist?

Natürlich ist nichts verkehrt daran, für die Ziele zu kämpfen, an die man glaubt, aber vergiss dabei nicht das große Ganze: Rette die Menschen dieser Welt, dann wird es der Welt wieder gutgehen.

Vor allem aber dürfen wir bei dieser Mission, die uns übertragen wurde, nicht kurzsichtig sein und uns nicht ausschließlich auf das Hier und Jetzt konzentrieren. Diese Mission hat die Ewigkeit vor Augen. Was wir im Leben derer bewirken, die wir zu Christus bringen, geht weit über ihre Jahre auf der Erde hinaus. Denn es gibt ihnen eine Ewigkeit, die sie beim Herrn im Himmel verbringen. Am Ende des Lebensweges gibt es nur eines, das wir mitnehmen dürfen: kostbare Seelen, für die Jesus sein Leben gegeben hat. Wir können im Leben eines Menschen nichts bewirken, was bedeutungsvoller wäre, als ihn mit dem Erlöser bekannt zu machen!

Wirst du dich also mit dem Herrn zusammentun und diese Mission übernehmen?

Ja, ganz recht, Jesus möchte mit dir zusammenarbeiten. In Markus 16,20 (HFA) heißt es: »Die Jünger aber zogen hinaus und verkündeten überall die rettende Botschaft. **Der Herr war mit ihnen** und bestätigte ihr Wort durch die Zeichen seiner Macht.« Kannst du erkennen, dass der Herr uns diesen Auftrag nicht einfach gegeben hat und es uns überlässt, ihn allein zu erfüllen? Die Beziehung, die er mit uns will, wenn es darum geht, dieses große Werk zu tun, ist nicht wie die eines Generals zu seinen Fußsoldaten, sondern die von

Team-Mitarbeitern! Deshalb nennt uns 1. Korinther 3,9 ausdrücklich »Mitarbeiter Gottes« oder Menschen, die »Hand in Hand« mit Gott arbeiten (NLB).

Freund:in, diese Partnerschaft mit dem Herrn ist so stark und wirkungsvoll wie keine andere. Es ist eine andere Art von Partnerschaft als die, in der er dir bei deinen Schularbeiten oder deinem beruflichen Fortkommen hilft. In dieser Partnerschaft mit Blick auf die Ewigkeit erhältst du eine besondere Portion seiner wunderwirkenden Kraft und Gnade.

In Apostelgeschichte 4,33 (NKJV) heißt es: »Und mit **großer Kraft** legten die Apostel Zeugnis ab von der Auferstehung des Herrn Jesus, und **große Gnade** war auf ihnen allen.« In dieser Partnerschaft versorgt dich der Herr üppig mit mächtiger, überströmender Kraft und Gnade, die durch unverkennbar übernatürliche Auswirkungen sichtbar wird, mit dem unübertrefflichen Ziel, auch die härtesten Menschen mit der Liebe Gottes zu erreichen und das Evangelium der Gnade voranzubringen.

Diese Partnerschaft mit dem Herrn ist dazu noch wunderschön, weil du dein Herz und deinen Verstand auf sein Herz und sein Denken ausrichtest. Du bittest ihn nicht mehr einfach nur darum, Dinge für dich zu tun (auch wenn daran nichts verkehrt ist), sondern du machst dir seinen Wunsch, seine Pläne und seine Absichten zu eigen. Du bleibst in seiner Nähe und arbeitest mit ihm, hörst sein Herz der Liebe für andere, entdeckst, was ihn begeistert, gewinnst seine Sicht der Dinge und nimmst den Berg ins Visier, den er ins Visier genommen hat.

Weißt du, bei unseren Bergen geht es nicht allein um unser Erbe, unsere Zusagen, unsere Durchbrüche, unsere Segnungen, unsere Wendepunkte. In Psalm 2,8 (NLB) ermutigt uns der Herr: »Bitte nur darum, und **ich will dir die Völker zum Erbe geben**, die Enden der Erde zu deinem Eigentum.«

Freund:in, geh nicht an dem Berg mit dem Riesenschild vorbei, auf dem »SOS – Save our Souls« (Rettet unsere Seelen) steht. Nimm nicht jeden anderen Berg und jede andere Mission auf der Welt ins Visier und verpasse diese hier. In Epheser 1,22–23 (MSG), wo uns von unserem Erbe in Christus erzählt wird, bekommen wir auch unseren Platz in dieser Welt gezeigt: **»Die Kirche ist keine Randerscheinung der Welt; vielmehr ist ihr die Welt untergeordnet. Die Kirche ist Christi Körper; durch ihn spricht und handelt er und erfüllt alles mit seiner Gegenwart.«** Wenn wir uns Gottes Absichten anschließen und Ja zur Partnerschaft mit ihm sagen, werden wir zu den wirksamsten und mächtigsten Weltveränderern, die wir je sein könnten!

WERDE AKTIV!

Manchmal, bevor wir die Welt im Großen verändern, befähigt uns der Herr, unsere persönliche Welt zu verändern. Denk an die Menschen in deinem Leben, die Jesus noch nicht kennen. Es könnten deine Eltern, deine Geschwister oder einer deiner besten Freunde sein. Wenn es dir schwerfällt, ihnen vom Evangelium zu erzählen, weil du sie nicht unter Druck setzen oder abschrecken willst, vergiss nicht, dass du nicht allein handelst. Der Herr ist immer bei dir und schafft Gelegenheiten für dich, mit ihnen zu sprechen, und er gibt dir auch die richtigen Worte dazu. Bitte ihn im Gebet, dir den besten Weg zu zeigen, wie du ihnen die gute Botschaft mitteilen oder sie in die Kirche einladen kannst.

Du kannst dir aber auch überlegen, ob du das Buch an sie weitergibst, wenn du damit fertig bist! Wenn *Gib mir diesen Berg* dich berührt hat, lass auch jemand anderen davon berührt werden. Besorge dir ein Exemplar für einen Freund oder einen Familienangehörigen, besonders wenn du das Gefühl hast, bestimmte Wahrheiten und Offenbarungen darin könnten für die betreffende Person hilfreich sein. Du kannst andere auch segnen, indem du einfach nur die Botschaft verbreitest. Mach ein Foto von deinem Lieblingstag im Buch und veröffentliche es in den sozialen Medien mit einer Bildunterschrift, die andere wissen lässt, inwiefern es dich angesprochen hat, und versieh es mit dem Hashtag **#GMTM28**. Gemeinsam können wir mehr Menschen mit der lebensverändernden und *weltverändernden* guten Nachricht von Jesus erreichen!

LIES:

Matthäus 28,18–20 | Psalm 2,8 | Epheser 1,20–23

← Hier gibt es noch mehr zu entdecken.

LOVE

TAG SIEBEN

DER HÖCHSTE BERG

Welcher ist der höchste Berg der Erde?

Den meisten von uns kommt sofort der *Mount Everest* in den Sinn.

Mit einer Höhe von beinahe 9000 Metern über dem Meeresspiegel – fast die Reiseflughöhe eines Jumbo-Jets – ist sein Gipfel der höchste Punkt dieser gesamten terrestrischen Landschaft, die wir Erde nennen. Der Berg selbst befindet sich an einem der unzugänglichsten und abgelegensten Orte des Planeten, auf dem Kamm des Himalajas, der sich über die Grenze zwischen Nepal und Tibet erstreckt. Bis in die späten 1960er Jahre war er nur zu Fuß oder auf dem Rücken eines Yaks zu erreichen.

Der Everest ist nicht nur unzugänglich, er ist auch unwirtlich. Abgesehen von dem tückischen Terrain ist der Weg nach oben mit vielen Gefahren verbunden – das Risiko plötzlicher Stürme, Lawinen, Eisbrüche und die begrenzte Fähigkeit des menschlichen Körpers, solche extremen Höhen auszuhalten.

Bei Temperaturen, die in der Nähe des Gipfels auf fast -60 °C fallen, gepaart mit höchst unbeständigem und unberechenbarem Wetter, muss man immer wachsam sein. Selbst an einem guten Tag können innerhalb weniger Minuten Stürme von den Ausmaßen eines Hurrikans aufziehen. Jenseits der 7000er-Marke, in der sogenannten Todeszone, ist die Atmosphäre so dünn und der Luftdruck so niedrig, dass die Fähigkeit des Körpers, Sauerstoff einzuatmen, erheblich eingeschränkt ist, was für jeden Bergsteiger ein unglaubliches Risiko irreparabler Lungen- und Hirnschäden, extremer Erfrierungen und in vielen Fällen sogar den Tod bedeutet.

Doch seit seiner Bestätigung als höchster Gipfel der Welt im Jahr 1852 war er der absolute Sehnsuchtsort manch eines Abenteurers, der den Ehrgeiz hatte, diesen Gipfel zu erreichen und seine menschliche Spur auf dem buchstäblichen Dach der Welt zu hinterlassen.[1]

Rund 100 Jahre später, nach zahlreichen gescheiterten Expeditionen, opferreichen Verlusten, nicht zuletzt von Menschenleben, und zahllosen Versuchen, deren Erfolg durch das schiere Ausmaß der Mammutaufgabe vereitelt wurden, gelang einem Mann, Edmund Hilary, und seinem Sherpa, Tenzing Norgay, an einem schönen Frühlingstag im Jahr 1953 endlich die erste bestätigte Besteigung des Gipfels.

Verglichen mit dem Everest ist der Berg Morija in Israel mit einer Höhe von nicht einmal 800 Metern über dem Meeresspiegel im Rennen um den höchsten Berg weit abgeschlagen.

Der Berg Morija? **Warum ist der überhaupt so wichtig?**

Weil dieser Berg Ziel einer krassen Expedition war – die erste, zu der Gott einen Menschen aufgerufen hat. Diese Expedition sollte einen sehr viel tieferen und bedeutenderen Einfluss auf die Geschichte und die Zukunft der Menschheit haben, als die zugegebenermaßen spektakuläre Eroberung des Everest durch Hilary. **Der Name des Mannes, um den es hier geht, war Abraham.**

Die ersten Instruktionen für diese beschwerliche Unternehmung erhielt er spät eines Abends, als der Herr ihm erschien und sagte: »Nimm doch deinen Sohn, deinen einzigen, den du lieb hast, Isaak, und geh hin in das Land Morija und bringe ihn dort zum Brandopfer dar auf einem der Berge, den ich dir nennen werde!« (1Mo 22,2).

Diese Nachricht haute Abraham völlig aus den Socken. Kannst du dir die Verwirrung, den Kummer und die Trauer vorstellen, die er gefühlt haben muss, als er in dieser Nacht schlaflos auf seinem Bett lag und darüber nachdachte, welche Absicht Gott mit all dem verfolgte? Schließlich kam Abraham zu dem Schluss, dass der Herr – sein Freund – seine früheren Zusagen, Abrahams Nachkommen durch Isaak zu segnen, nicht brechen würde. Und so entschied er sich, der Aufforderung zu folgen. Er glaubte, selbst wenn der Herr Isaak von den Toten auferwecken müsste, würde er es tun (Hebr 11,19)! In den frühen Morgenstunden wappnete sich dieser Mann des Glaubens, sattelte seinen Esel und begann zusammen mit Isaak die schwierigste Expedition seines Lebens – die Besteigung des Morija.

Die Schwierigkeit dieser Reise bestand jedoch in etwas völlig anderem als dem, was die Bergsteiger auf dem Everest zu bewältigen hatten. Sie hatte nichts mit dem Gelände zu tun, das vor ihnen lag, und auch nicht mit der glühenden Hitze der nahöstlichen Sonne, die auf die kleine Gruppe herunter brannte. Anders als bei der Route auf den Everest gab es keine physische Gefahr von Lawinen oder Eisbrüchen. Es gab keine Schneestürme zu fürchten und keine Gletscherspalten, in die man fallen konnte.

Auch wenn es keine äußere Bedingung gab, die sie auf halber Strecke hätte töten können, keine Zone, die das Atmen unmöglich zu machen drohte, **forderte diese Unternehmung dennoch ihren *vollen***

Tribut, und zwar im Herzen des Vaters. Mittlerweile war Abrahams Herz völlig in Aufruhr, das schmerzhafte Ziehen der vergangenen Nacht hatte sich zu diesem Zeitpunkt zu heftigem Herzstechen verstärkt. Bei jedem Schritt, den er tat, jedes Mal, wenn er einen Fuß vor den anderen setzte, hatte er das Gefühl, als würde seine ganze Welt vor seinen Augen zusammenbrechen. Oh, wie muss sein Herz in tausend Stücke gesprungen sein, als Isaak, mit Feuerholz auf dem Rücken und mit Blick auf die von seinem Vater entfachte Glut, fragte: »Vater? Wir haben Holz und Feuer, aber wo ist das Lamm für das Opfer?« (1Mo 22,7 NLB).

»Gott wird für ein Lamm sorgen, mein Sohn«, war die einzige Antwort, zu der Abraham sich noch aufraffen konnte (1Mo 22,8 NLB).

Dort, auf dem Gipfel des scheinbar unbedeutenden Berges Morija, stand Abraham, die Augen rot und wund vor zurückgehaltenen Tränen, die Fingerknöchel weiß vom festen Umklammern des Messers, die Brust bebend, angestrengt bemüht, nicht in verzweifelte Schluchzer auszubrechen. Da stand er, bereit, seinen geliebten Sohn zu opfern. Er warf einen letzten Blick auf den Jungen, schob jede Erinnerung, die ihm in den Sinn kam, beiseite und machte sich bereit, zuzustoßen.

Dann wie aus dem Nichts ...

»Abraham! Tu dem Kind nichts«, hörte er den Herrn sagen. Er drehte sich um, zitternd vor Erleichterung, und dort vor ihm war ein Schafbock, der sich mit den Hörnern in einem Busch verfangen hatte – das Opfer, für das der Herr gesorgt hatte (1Mo 22,11–13 NLB).

An diesem Punkt der Geschichte fragst du dich vielleicht: *Was wollte Gott mit dem Ganzen bezwecken?*

Es ging nie wirklich um Abraham und sein Opfer. Es ging nie wirklich um Isaak, seinen Sohn. Für Gott war es ein göttliches Bild von dem, was er selbst in ferner Zukunft tun würde. **Es ging immer und es wird immer um seinen Sohn *Jesus* und *dessen* Opfer gehen.**

Fast 2000 Jahre später, auf einem zerklüfteten Felsvorsprung namens Golgatha, der zum selben Gebirgszug gehört wie Morija, würde Gott selbst, genau wie Abraham, seinen einzigen Sohn, den Sohn, den er so sehr liebte, als Opfer für die Welt darbringen. Sein Sohn Jesus würde den höchsten Berg bezwingen, und zwar

FEUERHOLZ.

nicht in Metern gemessen, sondern gemessen an der Größe der Sünden des Menschen und seiner Schuld, die sich zu hoch angehäuft hatte, als dass er sie hätte abtragen können (Joh 16,33 TPT).

In einem Garten namens Gethsemane begann diese heilige Tortur, die auf Golgathas Gipfel endete. Jesus, fast zu Tode gepeinigt, schwitzte Blut, als seine Kapillaren platzten und das Blut aus seinen Poren trat. Er blickte auf und bat: »Vater, wenn du willst, nimm diesen Kelch von mir! Aber nicht mein, sondern dein Wille soll geschehen« (Lk 22,42 EÜ). Der Vater, der sehr wohl wusste, dass es für die Menschheit keinen anderen Weg zur Erlösung gab, überreichte seinem Sohn den Kelch der Schuld und Sünde der Menschen und überließ ihn damit auch dem bevorstehenden gebotenen Zorn.

Und so kamen seine Feinde und nahmen seinen Sohn mit. Wie sie es mit einem Kriminellen getan hätten, stellten sie ihn vor Gericht, um ihn zu verurteilen. Wie sie es mit einem Narren getan hätten, kleideten sie ihn in feine Gewänder, nur um ihn zu verspotten und zu schlagen. Um an ihm ein Exempel für diejenigen zu statuieren, die ihm gefolgt waren, banden sie ihn an einen Pfosten, wo sie ihn geißelten und auspeitschten. Doch trotz der vielen Hiebe auf seinen Rücken konnten sie ihn nicht brechen. Selbst das Blut, das überall an ihm war, konnte seine majestätische Erhabenheit nicht verdecken. Sie konnten keine Anklage gegen ihn finden, und dennoch klagten sie ihn an. Sie waren erst zufrieden, als der damalige Statthalter, Pilatus, ihn zum Tod durch Kreuzigung verurteilte.

Mit seinen Blicken verfolgte der Vater, wie sein Sohn, das Kreuz auf dem blutüberströmten Rücken, über den holprigen Weg der Via Dolorosa getrieben wurde, während er sich auf Golgathas Gipfel zubewegte. Dreimal stolperte er unter dem Gewicht seines Kreuzes – Holz für das Opfer, das er nur wenige Meter weiter oben vollbringen würde. An das Kreuz, das er getragen hatte, nagelten sie ihn schließlich fest. Das konnten sie nur deshalb erfolgreich tun, weil er sich aus Liebe dazu entschied, sich freiwillig niederzulegen.

Dort, in der »Todeszone« auf dem kahlen Gipfel von Golgatha, hievten sie den einziggeborenen Sohn des Vaters an einem Pfahl hoch, wo ihn alle, die vorbeikamen, verspotten und beschimpfen konnten. Anders als am Everest war die Temperatur nicht annähernd auf dem Gefrierpunkt, und dennoch zitterte er, weil ihm aufgrund des Schocks und der einsetzenden Atemnot das Luftholen schwerfiel. Nicht fehlender atmosphärischer Druck erschwerte ihm das Atmen, sondern das grausame Tötungsinstrument, an dem er nun mit seinem ganzen Gewicht hing.

Dennoch äußerte der Sohn kein einziges Wort der Rache. Stattdessen entschuldigte er ihre Unwissenheit und verzieh ihnen allen großzügig (Lk 23,34). Seine Person war so untadelig, obwohl er äußerlich völlig entstellt war, dass selbst ein römischer Hauptmann, der Zeuge des Ganzen war, nicht umhinkonnte, zu knurren: »Ja, dieser Mann war wirklich Gottes Sohn!« (Mk 15,39 NLB).

Dort auf diesem Berg sehen wir also das Holz, wir sehen das Lamm, aber wo war das Feuer? Es kann doch kein Brandopfer ohne Feuer geben.

Den Schmerz, den Gott, der Vater, seinem Freund Abraham erspart hatte, **verlangte er nun in vollem Umfang sich selbst ab – den hohen Preis der Erlösung, der ohne Gnade und Schonung zu entrichten war**. Diesmal war niemand da, der seine Hand davon abhalten konnte. Der Vater wandte sein Gesicht ab und ließ das Feuer der berechtigten Entrüstung und des gerechtfertigten Zorns eines heiligen Gottes ungezügelt auf den wahren Schafbock Gottes, Jesus Christus, den Sohn Gottes, fallen.

Oh, wie muss es ihm das Herz zerrissen haben, als sein Sohn unter Qualen schrie: »Mein Gott, mein Gott, warum hast du mich verlassen?« (Mk 15,34), wobei er ihn zum ersten Mal als »Gott« und nicht als »Vater« anredete! *Dennoch gab Gott nicht nach. Er zeigte Jesus nicht ein Fitzelchen Barmherzigkeit oder Güte.* Auf diesem schädelförmigen Felsen, der in dunkle Wolken gehüllt war, entfesselte Gott die volle Wucht seines feurigen Gerichts – jeder Fluch, jede Krankheit, jeder Schmerz, jede Art von Leiden, jede Strafe für die Gesamtheit der Sünde und Ungerechtigkeit der Menschheit fiel auf Jesus, das vollkommene Opfer.

Warum, fragst du? Damit er heute, wenn es um dich und mich geht, nicht ein Fitzelchen Zorn oder Verurteilung übrig hat, das er noch austeilen könnte. Nur noch **Freundlichkeit**. Nur **Barmherzigkeit**. Nur **Gnade**.

Nie war er als Vater zufriedener gewesen mit der Bereitschaft, dem Gehorsam und dem Werk seines Sohnes als in diesem Moment. Und als Gott und Richter war er nie zufriedener als mit der Vollkommenheit und Wirksamkeit des Opfers seines Sohnes.

Wie es der Prophet Jesaja geschrieben hat:

> *Aber **dem HERRN gefiel es, ihn zu zerschlagen**; er ließ ihn leiden. Wenn er sein Leben zum Schuldopfer gegeben hat, so wird er Nachkommen sehen und seine Tage verlängern; und das Vorhaben des HERRN wird in seiner Hand gelingen. Nachdem seine Seele Mühsal erlitten hat, wird er seine Lust sehen und die Fülle haben; durch seine Erkenntnis wird mein Knecht, der Gerechte, viele gerecht machen, und ihre Sünden wird er tragen. — Jesaja 53,10–11*

Am Ende von sechs langen Stunden rief Jesus mit lauter Stimme: »Es ist **vollbracht**!« (Joh 19,30). Seine Hingabe hatte den Schmerz überdauert. Sein vollkommenes Opfer hatte alle Strafe völlig aufgezehrt. Weder der Berg menschlicher Sünde noch der gerechte Zorn, den sie nach sich zog, konnten ihm sein gerechtes Leben nehmen. Dort, auf dem Gipfel des bescheidenen Berges Golgatha, neigte er sein königliches Haupt und übergab seinen Geist dem Vater, der ihn wieder in seine liebevollen Arme schloss.

Jesus, der Sohn Gottes, hatte den Berg bezwungen. Nicht Morija, nicht Golgatha, nicht Everest, sondern den Berg aller Sünden und Verfehlungen des Menschen – eine Schuld, die du und ich niemals begleichen könnten. Und zusammen mit diesem Berg bezwang er auch jeden anderen Berg, der unserer Umarmung durch unseren liebenden Vater heute im Wege steht (Röm 8,38–39). Durch sein Opfer erfüllte er die Anforderungen göttlicher Gerechtigkeit und göttlichen Rechts und bezahlte in seiner Barmherzigkeit den vollen Preis für unser Erbe – nicht nur für das ewige Leben, sondern auch für das überreiche Leben, das uns heute gehören soll.

Mein:e Freund:in, das ist der Grund, warum wir mit aller Kühnheit und Gewissheit über die Berge in unserem Leben wie Kaleb sagen können: »Gib mir diesen Berg!«

Und wenn du jetzt fragst: »Welcher ist der höchste Berg der Welt?«, dann lautet die Antwort: *Keiner* ist höher als der Berg, den unser Herr und Erlöser Jesus für uns bezwungen hat.

1. Barry C. Bishop, et al. »Mount Everest.« Encyclopædia Britannica. Stand: 9. April 2020. https://www.britannica.com/place/Mount-Everest.

WERDE AKTIV!

Gratulation! Du hast es geschafft! Tolle Leistung!

Wir haben 28 Tage und 4 Base Camps gebraucht, um bis hierhin zu gelangen. Einer Sache solltest du dir immer bewusst sein: Jede Zusage Gottes für unser Leben, über die wir gesprochen haben, jeder Meilenstein des Glaubens, den wir gemeinsam passiert haben, wurde zuvor von unserem Herrn Jesus auf Golgatha für uns erkauft.

Nimm dir heute Zeit, das Buch noch einmal von vorne bis hinten durchzublättern und dem Herrn zu danken – für die erstaunliche Gnade, die er über dich ausgegossen hat, und für all die Dinge, die er in deinem Leben tut und noch tun wird.

Zum Schluss dieses Buches sollst du noch einen visuellen Eindruck davon bekommen, was wirklich an jenem Tag geschah, als Jesus für dich den höchsten Berg bestieg. Bewahre dieses Bild sicher in deinem Herzen, denn es ist der unerschütterliche, unumstößliche Grund dafür, dass du jeden Berg zu jeder Zeit deines Lebens bezwingen und beanspruchen kannst!

Sieh dir diese Animation an, indem du den untenstehenden QR-Code scannst oder die URL JosephPrince.de/berg/material aufrufst.

LIES:

1. Mose 22,1–19 | Jesaja 53

GEBET FÜR DEINE ERRETTUNG

Wenn du alles empfangen willst, was Jesus für dich getan hat, und ihn zu deinem Herrn und Retter machen möchtest, sprich bitte folgendes Gebet:

Herr Jesus, danke, dass du mich liebst und am Kreuz für mich gestorben bist. Dein kostbares Blut wäscht mich von jeder Sünde rein. Du bist jetzt und für immer mein Herr und mein Retter. Ich glaube, dass du von den Toten auferstanden bist und heute lebst. Durch dein vollbrachtes Werk bin ich nun ein geliebtes Kind Gottes und mein Zuhause ist der Himmel. Danke, dass du mir das ewige Leben schenkst und mein Herz mit deinem Frieden und deiner Freude erfüllst. Amen.

LASS MAL VON DIR HÖREN!

Wenn du das Gebet für deine Errettung gebetet hast oder uns nach dem Lesen dieses Buches gern ein Zeugnis erzählen möchtest, schreib uns: **www.JosephPrince.de/Zeugnis**

FOLGE UNS AUF SOCIAL MEDIA

Über die folgenden Social-Media-Kanäle kannst du mit uns in Kontakt bleiben und täglich inspirierende Impulse (in englischer Sprache) erhalten:

Facebook.com/JosephPrince
Twitter.com/JosephPrince
Youtube.com/JosephPrinceOnline
Instagram: @JosephPrince

ÜBER JOSEPH PRINCE

Joseph Prince ist eine der bekanntesten Stimmen weltweit, die das Evangelium der Gnade verbreiten – vor allem durch seine Bücher, seine TV-Sendungen und als Konferenzsprecher. Seit über zwei Jahrzehnten verkündigt er Gottes Wort auf neue, erfrischende und erhellende Weise und hebt die Größe Jesu hervor. Er ist leitender Pastor der New Creation Church in Singapur, einer dynamischen Gemeinde, die jeden Sonntag mehr als 33.000 Gottesdienstbesucher zählt. Sein Fernsehdienst Joseph Prince Ministries hat zum Ziel, Menschen mit dem Evangelium Jesu Christi aufzubauen, zu ermutigen und zu inspirieren. Er ist zudem Bestsellerautor von Die Kraft des richtigen Glaubens und Zur Herrschaft bestimmt. Joseph ist glücklich verheiratet mit Wendy; gemeinsam haben sie zwei Kinder, Jessica Shayna und Justin David.

WEITERE BÜCHER

Unaufhaltsamer Glaube

Iss dich zu Leben und Gesundheit

Verankert

Schluss mit negativen Gedanken

Lass los und lebe

Das Gebet des Schutzes

Die Revolution der Gnade

Die Kraft des richtigen Glaubens

Unverdiente Gunst

Zur Herrschaft bestimmt

Zur Herrschaft bestimmt – 365 Andachten

Heilungszusagen

Versorgungszusagen

Gesund und heil durch das Abendmahl

Die Benjamin-Generation

Dein Wunder liegt in deinem Mund

Zur richtigen Zeit am richtigen Ort

Iss dich gesund

Setze Gottes Kraft frei

Von der Gebundenheit zum Durchbruch

Geistliche Kampfführung

Mehr Informationen zu seinen Büchern und anderem inspirierenden Material findest du auf: ***www.JosephPrince.de*** und ***www.gracetoday.de***

UNAUFHALTSAMER GLAUBE

Unaufhaltsamer Glaube entsteht, wenn du weißt, wie geliebt du bist und wie grenzenlos du aus unserem Herrn Jesus schöpfen kannst. Bist du in einer schwierigen Lage und wartest auf den Wendepunkt? 31 mächtige Wahrheiten über den Glauben, die du sofort in deinem Leben anwenden kannst, lassen dich alle Rückschläge und Herausforderungen überwinden. Zu bestellen über: ***www.gracetoday.de***

Unauf-haltsamer Glaube

31 GEDANKEN FÜR EIN ALLES ÜBERWINDENDES LEBEN

JOSEPH PRINCE

KOSTENLOSE TÄGLICHE E-MAIL-ANDACHTEN

Trage dich unter **www.JosephPrince.de/Andachten** in den Verteiler für Josephs kostenlose E-Mail-Andachten ein und erhalte jeden Tag kurze Botschaften, die dir helfen, in der Gnade zu wachsen.